200 questions sur les collectivités territoriales

Nouvelle édition, revue et augmentée

Ludovic LESTIDEAU

Ouvrage dirigé par Laurence BRUNEL

Studyrama
Réussir son avenir

Sommaire

PARTIE II

PARTIE IV

Remerciements

Un grand merci à Marianne Estève, sans qui cet ouvrage n'aurait pu se faire, et à Laurence Brunel et Benjamin Dias Pereira, pour leur confiance, leur accompagnement et leur aide.

Une pensée pour l'indéfectible soutien de ma sœur.

Sans le travail de relecture, très scrupuleux, de Morgan Reynaud, ce texte n'aurait pas pu aboutir. Qu'il en soit très largement remercié.

Mes amis et ma famille sont aussi largement remerciés.

Liste des sigles et acronymes

AAI Autorité administrative indépendante
AAU Acte administratif unilatéral
AE Autorisation d'engagement
AMF Association des maires de France
AMO Assistant au maître d'ouvrage
APA Allocation personnalisée d'autonomie
ASE Aide sociale à l'enfance
BOAMP *Bulletin officiel des annonces de marchés publics*
BS Budget supplémentaire
CADA Commission d'accès aux documents administratifs
CAP Commission administrative paritaire
CC Communauté de communes
CCAG Cahiers des clauses administratives générales
CCAS Centre communal d'action sociale
CCTG Cahiers des clauses techniques générales
CDG Centre de gestion
CEDH Cour européenne des droits de l'homme
CESDH Convention européenne de sauvegarde des droits de l'homme
CESER Conseil économique, social et environnemental régional
CGCT Code général des collectivités territoriales
CGPPP Code général de la propriété des personnes publiques, dit CG3P
CJUE Cour de justice de l'Union européenne
CMS Centre municipal de santé
CNFPT Centre national de la fonction publique territoriale
CRHH Comité régional de l'habitat et de l'hébergement
CRPA Code des relations entre le public et l'administration
DAJ Direction des affaires juridiques
DC Décision en conformité
DDCS Direction départementale de la cohésion sociale
DDETSPP Direction départementale de l'emploi, du travail, des solidarités et de la protection des populations
DPD Délégué à la protection des données, dit DPO
DRAJES Délégations régionales académiques à la jeunesse, à l'engagement et aux sports
DREETS Directions régionales de l'économie, de l'emploi, du travail et des solidarités
DSP Délégation de service public

Liste des sigles et acronymes

DTADD Directive territoriale d'aménagement et de développement durable
EPA Établissement public administratif
EPIC Établissement public industriel et commercial
EPL Établissement public local
EPLE Établissement public local d'enseignement
FPE Fonction publique de l'État
FPH Fonction publique hospitalière
FPT Fonction publique territoriale
GBCP Gestion budgétaire et comptable publique
GIP Groupement d'intérêt public
HAS Haute Autorité de santé
HATVP Haute Autorité pour la transparence de la vie publique
IGREC Instruction générale relative à l'état civil
IR Impôt sur le revenu
IS Impôt sur les sociétés
JAL Journal d'annonces légales
JDC Journée défense et citoyenne
LRAR Lettre recommandée avec accusé de réception
MAPA Marché à procédure adaptée
MAPTAM Modernisation de l'action publique territoriale et d'affirmation des métropoles, dit loi MAPTAM
OPAC Office public d'aménagement et de construction
OPH Office public de l'habitat
OPHLM Office public d'habitation à loyer modéré
PADD Projet d'aménagement et de développement durable
PFRL Principe fondamental reconnu par les lois de la République
PGD Principe général du droit
PLU Plan local d'urbanisme
PLUi Plan local d'urbanisme intercommunal
PPP Partenariat public-privé
QPC Question prioritaire de constitutionnalité
RAA Recueil des actes administratifs
REP Recours pour excès de pouvoir
RGBCP Relatif à la gestion budgétaire et comptable publique
RGPD Règlement général de la protection des données
RSA Revenu de solidarité active
SAFER Société d'aménagement foncier et d'établissement rural
SCIC Société coopérative d'intérêt collectif
SCOT Schéma de cohérence territoriale
SDCI Schéma départemental de coopération intercommunale
SDIS Service départemental d'incendie et de secours

SDRIF Schéma directeur de la région Île-de-France
SEM Société d'économie mixte
SGAE Secrétariat général des affaires européennes
SIVOM Syndicat intercommunal à vocation multiple
SIVU Syndicat intercommunal à vocation unique
SPA Service public administratif
SPIC Service public industriel et commercial
SPL Société publique locale
SVA Silence vaut acceptation
TAAF Terres australes et antarctiques françaises
TICPE Taxe intérieure de consommation sur les produits énergétiques
TP Travaux publics
TVA Taxe sur la valeur ajoutée
UE Union européenne

Liste des principaux textes juridiques

- Le code général des collectivités territoriales (CGCT) est le code le plus important pour les collectivités territoriales. On y trouve quasiment toutes les dispositions permettant aux collectivités territoriales d'exercer leurs compétences. À celui-ci s'ajoutent le nouveau code général de la fonction publique mais aussi le code de la commande publique, le code général de la propriété des personnes publiques, etc.
- Une série de lois importantes s'imposent et forment l'architecture juridique des collectivités territoriales :
  - loi n° 82-213 du 2 mars 1982 relative aux droits et libertés des communes, des départements et des régions : cette loi pose le cadre légal des collectivités territoriales au moment de l'acte I de la décentralisation ;
  - loi n° 84-53 du 26 janvier 1984 portant dispositions statutaires relatives à la fonction publique territoriale : c'est le texte concernant les agents publics des collectivités territoriales ;
  - loi constitutionnelle n° 2003-276 du 28 mars 2003 relative à l'organisation décentralisée de la République : c'est le socle constitutionnel de l'autonomie de toutes les collectivités territoriales ;
  - loi n° 2004-809 du 13 août 2004 relative aux libertés et responsabilités locales : cette loi pose les dispositions importantes concernant l'autonomie des collectivités territoriales ;
  - loi n° 2010-1563 du 16 décembre 2010 de réforme des collectivités territoriales ;
  - loi n° 2014-58 du 27 janvier 2014 de modernisation de l'action publique territoriale et d'affirmation des métropoles – dite loi MAPTAM ;
  - loi n° 2015-991 du 7 août 2015 portant nouvelle organisation territoriale de la République – dite loi NOTRe ;
  - loi n° 2019-1461 du 27 décembre 2019 relative à l'engagement dans la vie locale et à la proximité de l'action publique ;
  - loi organique n° 2021-467 du 19 avril 2021 relative à la simplification des expérimentations mises en œuvre sur le fondement du quatrième alinéa de l'article 72 de la Constitution.
- Trois textes posent des règles plus ciblées :
  - loi organique n° 2013-402 du 17 mai 2013 relative à l'élection des conseillers municipaux, des conseillers communautaires et des conseillers départementaux ;
  - loi n° 2015-29 du 16 janvier 2015 relative à la délimitation des régions, aux élections régionales et départementales et modifiant le calendrier électoral ;
  - loi n° 2015-292 du 16 mars 2015 relative à l'amélioration du régime de la commune nouvelle, pour des communes fortes et vivantes.

Chiffres clés et tableau de répartition des compétences des collectivités territoriales

(Au 1er janvier 2022 – données fournies par l'INSEE et le ministère de la Cohésion des territoires et des relations avec les collectivités territoriales)

Population française :

- métropole : 65,627 millions d'habitants ;
- DOM, COM et Nouvelle-Calédonie (2,186 millions d'habitants) ;
- total : 67,813 millions.

Nombre d'élus locaux : 571 241

Collectivité	Nombre	Compétences
Commune	34 955 En métropole : 34 826 Dans les DOM : 129	Clause de compétence générale (hormis les compétences de l'État) Gestion des écoles
Département	101 (96 en métropole et 5 en outre-mer)	Gestion des collèges Action sociale et médico-sociale Sécurité
Région	13 en métropole 5 dans les DOM	Gestion des lycées Aménagement du territoire, des infrastructures et des transports Environnement Formation et enseignement Grands équipements (ports et aérodromes) Logement et habitat Vie économique

Collectivité	Nombre	Compétences
EPCI	1 254 : • 21 métropoles ; • 14 communautés urbaines ; • 227 communautés d'agglomération ; • 992 communautés de communes. 4 communes sont isolées et ne font pas partie des EPCI.	Les compétences varient en fonction de la typologie de l'EPCI et des compétences attribuées par les communes.
Syndicats	SIVU : 5 212 SIVOM : 1 291 Syndicat mixte : 2 803 Pôle métropolitain : 25 Pôle d'équilibre territorial et rural (PETR) : 123 Établissements publics territoriaux (EPT) : 11	

Introduction

Les collectivités territoriales occupent une place importante et originale dans le paysage administratif français. Leur nombre, tout d'abord, est colossal : près de 35 000 sont présentes en France, tant en métropole que dans les territoires d'outre-mer. Il est supérieur aux collectivités territoriales présentes dans le reste de l'Europe.
Ensuite, le service public qu'elles assurent auprès de toutes les populations, tant dans les milieux urbains que ruraux, est significatif. Il s'agit des actes d'état civil, des prestations locales de service public (comme l'offre de loisirs, les prestations sociales et de santé, l'urbanisme, les déplacements, l'emploi, le respect de l'environnement...) ou de la sécurité sur le territoire.
Enfin, bien que les communes, les départements et les régions soient organisés sur un mode relativement stable, on perçoit des changements en surface, ou bien des déplacements souterrains, auxquels il convient d'attacher la plus grande importance.
C'est l'objet de cet ouvrage : saisir, sous forme de questions et de réponses, l'actualité la plus récente des collectivités territoriales, afin de bien cerner l'environnement local.
Cette approche est utile, tant pour les candidats aux concours administratifs que pour les étudiants. Les usagers du service publics, acteurs à présent placés au centre de l'administration, y trouveront également une grande source d'information.
Seront abordés, en premier lieu, les réformes territoriales, des plus anciennes aux plus récentes, actualisées avec la présente et nouvelle édition, les cadres européens et nationaux, les différentes collectivités territoriales et leurs établissements publics locaux, leurs compétences et les pouvoirs des élus, des usagers et des agents publics avant de conclure sur des éléments statistiques et l'avenir des collectivités territoriales.

PARTIE I

Généralités et réformes territoriales

7 questions

1 Généralités

1. Questions

1. Qu'est-ce qu'une collectivité territoriale ?
2. Pourquoi existe-t-il des collectivités territoriales ?
3. Régime unitaire et collectivités territoriales peuvent-ils cohabiter ?
4. Existe-t-il des pays où il n'y a pas de collectivité territoriale ?

2. Réponses

1. Qu'est-ce qu'une collectivité territoriale ?

Une collectivité territoriale est une personne morale de droit public, c'est-à-dire qu'elle existe juridiquement et peut contracter. Par ailleurs, elle dispose d'un budget tout en étant responsable de ses actes.

Visée par les articles 72 et suivants de la Constitution du 4 octobre 1958, la collectivité territoriale est une autorité décentralisée composée de personnalités élues qui parfois agissent, comme le maire, sous le contrôle du préfet. En sa qualité d'autorité décentralisée, elle dispose de pouvoirs propres et de pouvoirs déconcentrés (entre les mains du maire) que l'État lui confie, *via* ses préfets.

Une collectivité territoriale est donc une autorité localement identifiée, sur un territoire défini, et disposant de compétences propres (cf. chiffres clés et tableau de répartition des compétences).

Il existe trois catégories de collectivités territoriales :
- la commune ;
- le département ;
- la région.

2. Pourquoi existe-t-il des collectivités territoriales ?

L'État est l'autorité légitime sur le territoire national. Il est aussi la première personne morale de droit public. À ce titre, ses missions s'étendent sur tout le territoire national, qu'il s'agisse de la métropole ou des collectivités d'outre-mer. Assurer les compétences dévolues aux autorités publiques sur l'ensemble de ce territoire semble bien compliqué.

En premier lieu, parce que les pouvoirs locaux sont naturellement demandeurs de pouvoirs. En second lieu, parce que l'État centralisateur ne peut assurer, d'un seul endroit, l'exercice efficace de toutes ses compétences.

Ces deux arguments ont forgé, dans l'histoire française, la conviction qu'il conviendrait d'attribuer aux pouvoirs locaux des compétences. Progressivement, à partir de la Révolution française, s'est imposée la volonté de créer des collectivités locales, assises sur les contours de territoires anciens (principats, villes libres, comtés...).

C'est ainsi qu'ont été créés les communes puis les départements. Il faudra attendre la seconde partie du XXe siècle pour qu'apparaissent les régions.

Ces trois collectivités territoriales sont donc légitimes à compenser le pouvoir central de l'État tout en laissant aux populations locales le soin de déterminer une partie des règles qui s'appliquent à elles.

3. Régime unitaire et collectivités territoriales peuvent-ils cohabiter ?

La notion de régime unitaire, qu'on oppose au régime fédératif, est inscrite à l'article 1er de la Constitution du 4 octobre 1958 : « *La France est une République indivisible, laïque, démocratique et sociale.* »

La France s'entend comme un État qui n'est pas découpé en États fédérés, à l'image du Brésil, de l'Allemagne, des États-Unis... Ce qui a pour conséquence de doter la France d'une administration centralisée et non morcelée, quelle que soit la taille du territoire (on peut penser aux territoires d'outre-mer). Dès lors, opposer à cet État unitaire des collectivités territoriales peut pousser à croire que ces dernières seraient des démembrements ou des parties de l'État unitaire.

Le système français, à cet égard, est complexe. Il est le fruit d'une histoire multiséculaire où se sont imposés, progressivement, la figure de l'État centralisateur et les territoires locaux. L'un n'allant pas sans l'autre, leur « cohabitation » est légale et naturelle.

La première raison à cela résulte de l'absence de concurrence de pouvoirs et de compétences. L'échelon national et l'échelon local ont leurs propres domaines de compétence. Il n'y a donc pas de chevauchement des domaines de compétence, qui se distribuent comme suit :

- **l'État** a en charge une grande partie des attributs régaliens, comme la sécurité intérieure et extérieure, la monnaie, la justice ou les relations internationales ;
- **les collectivités territoriales** assurent quant à elles la bonne gestion locale et les pouvoirs de police qu'elles détiennent (police municipale par exemple). Elles ne peuvent, de manière explicitement posée par les textes nationaux, empiéter sur les matières « régaliennes » de l'État.

Cette interdiction de confondre les compétences débouche tout naturellement sur une « cohabitation » apaisée, où les lignes de partage sont *a priori* parfaitement comprises.

Pendant la crise sanitaire de 2020 et 2021, pourtant, les collectivités territoriales ont empiété sur les missions de santé publique de l'État, parce que ce dernier n'était pas assez proactif et réactif.

4. Existe-t-il des pays où il n'y a pas de collectivité territoriale ?

Les pouvoirs locaux ont toujours existé, sur tous les territoires. Leurs limites sont en premier lieu la géographie physique qui s'imposait à eux : rivières, mers, montagnes. En second lieu, le pouvoir s'arrêtait aux berges d'un autre pouvoir local. Aussi, l'identité parfaite entre un pays et une seule collectivité territoriale ne s'entend que dans le cas d'États aux dimensions si réduites que la coexistence de plusieurs territoires locaux n'est pas possible. C'est le cas des micro-États comme Monaco (dont les contours de l'État épousent parfaitement et uniquement la commune de Monaco), le Vatican et Singapour.
Au-delà de ces dimensions, l'OCDE nous indique dans un rapport de 2016 que tous les États (à l'exception de trois d'entre eux) sont composés d'entités locales plurielles. Ces dernières années cependant, plusieurs pays ont modifié le nombre de leurs collectivités territoriales pour éviter le morcellement du pouvoir local tout en procédant à des économies d'échelles. La Corée du Sud, la Grèce et l'Irlande ont ainsi divisé de manière substantielle le nombre de leurs communes, en unifiant ces dernières, voire en modifiant sensiblement leurs compétences et leurs missions.

EN FRANCE, UN EFFORT NÉCESSAIRE

Sur ce point, concernant les communes, la France a un effort significatif à faire pour réduire le nombre de ses collectivités territoriales et plus spécialement de ses communes (qui avoisinent aujourd'hui les 35 000, un chiffre largement supérieur à l'ensemble de toutes les collectivités territoriales européennes réunies).
C'est le souhait du Président Macron, dans le cadre de son second mandat. Cependant, du fait d'un parlement sans majorité absolue, toute réforme constitutionnelle, en l'état (au moment de la rédaction de la présente édition), est vouée à l'échec. Sauf à ce que le Parlement soit acquis au Président Macron. Pour ce faire, si l'Assemblée nationale n'est pas dissoute et qu'une majorité confortable n'est pas acquise, aucune réforme d'envergure ne sera possible sous ce mandat présidentiel.

2 Les réformes gouvernementales concernant les collectivités territoriales

1. Questions

5. Quels sont les différents « actes » ayant permis l'émergence des collectivités territoriales ?
6. Quelles sont les principales réformes de ces dernières années concernant les collectivités territoriales ?
7. Quels sont les grands axes des réformes territoriales ?

2. Réponses

5. Quels sont les différents « actes » ayant permis l'émergence des collectivités territoriales ?

C'est au tout début de la Révolution française que l'Assemblée nationale a créé la base légale donnant naissance aux communes et aux départements, c'est-à-dire les lois créant les collectivités territoriales. Il faudra attendre la IIIe République pour que ces collectivités territoriales acquièrent, par la loi, davantage de compétences.
Plus d'un siècle après, fort de ces étapes, la doctrine (c'est-à-dire les juristes) puis le gouvernement qualifieront les grandes réformes concernant les collectivités territoriales d'« Actes ». À la manière d'une pièce de théâtre, on peut relever quatre actes permettant de véritablement faire émerger les collectivités territoriales, et ce, dès 1982.

L'acte I de la décentralisation : 1982 à 2003

Il comprend plusieurs textes essentiels qui ont rénové ou continué à installer la décentralisation en France :

- **la loi du 2 mars 1982**, dite loi relative aux droits et libertés des communes, des départements et des régions. Elle crée la région, supprime la tutelle *a priori* du préfet et la remplace par un pouvoir de contrôle renforcé *a posteriori*. Seul le juge administratif a, depuis cette date, la compétence pour procéder à l'annulation des actes administratifs des collectivités territoriales, alors qu'auparavant, le préfet pouvait les interdire ou les annuler. On parle alors d'un contrôle de légalité, et non d'opportunité. Par ailleurs, sont prévus d'autres textes qui fixeront les compétences des trois collectivités territoriales ainsi que divers points afin de leur permettre d'exercer convenablement leurs missions ;

- **les lois des 7 janvier et 22 juillet 1983** répondent par conséquent à cette annonce en procédant à la répartition des compétences. Aux régions sont transférés l'apprentissage, la formation professionnelle, la construction, l'aménagement et l'entretien des lycées. Aux départements sont confiés les archives, les bibliothèques départementales de prêts, les transports scolaires, la construction, l'aménagement et l'entretien des collèges. Aux communes reviennent la délivrance des permis de construire, la construction, l'aménagement et l'entretien des écoles primaires ;
- sur le plan de la fonction publique, le législateur est intervenu à deux reprises, en 1983 (par la loi n° 83-634 du 13 juillet 1983 portant droits et obligations des fonctionnaires – loi dite loi Le Pors) et en 1984, par **la loi du 26 janvier 1984** (loi relative au statut de la fonction publique territoriale) ;
- **une importante loi, en 1999**, intervient en faveur des EPCI en permettant leur accroissement. Il s'agit de **la loi n° 99-586 du 12 juillet 1999** relative au renforcement et à la simplification de la coopération intercommunale, dite loi Chevènement.

L'acte II de la décentralisation : 2003 à 2008

Il comprend lui aussi plusieurs textes, dont les deux principaux suivants :

- **l'importante loi constitutionnelle du 28 mars 2003**, qui inaugure ce nouvel acte de la décentralisation, a une valeur essentielle. Elle pose la règle de l'organisation décentralisée de la France, ce qui n'est pas rien après plus de deux siècles de jacobinisme. On y relève des mentions et expressions importantes : « *Les collectivités territoriales ont vocation à prendre les décisions pour l'ensemble des compétences qui peuvent le mieux être mises en œuvre à leur échelon.* » Cela induit le pouvoir réglementaire dont disposent à présent les collectivités territoriales. Le texte précise également qu'« *aucune collectivité territoriale ne peut exercer de tutelle sur une autre* » ;
- **la loi du 13 août 2004** relative aux libertés et responsabilités locales détaille quant à elle les compétences transférées par l'État aux collectivités territoriales. Elle s'intéresse également aux EPCI en redéfinissant le partage de compétences entre ces derniers et les communes.

L'acte III de la décentralisation : 2008 à 2019

Il s'agit de la mise en œuvre du Comité pour la réforme des collectivités locales présidé par Édouard Balladur, ancien Premier ministre et installé par le président Sarkozy.

- **La loi du 16 décembre 2010** de réforme des collectivités territoriales en sera le fruit. Elle clarifie les modes d'élections, les compétences des collectivités territoriales et crée le « conseiller territorial ». Elle vise également à simplifier la carte intercommunale, réduire le nombre de communes et créer les métropoles et pôles métropolitains. Ce texte sera cependant écarté sous le mandat du président Hollande pour modifier en profondeur le paysage des collectivités territoriales ;

- **La loi organique du 17 mai 2013** relative à l'élection des conseillers départementaux, des conseillers municipaux et des conseillers communautaires. Elle modifie sensiblement le cadre électoral des départements et régions et instaure à cet effet le binôme départemental (deux candidats par canton, un homme et une femme). Par ailleurs, les conseillers municipaux sont élus au scrutin de liste dans les communes de plus de 1 000 habitants au lieu de 3 500 habitants. De même, dans les communes, les conseillers communautaires seront élus en même temps que les conseillers municipaux, les deux listes étant inscrites sur le même bulletin de vote. Nul ne peut être conseiller communautaire s'il n'est pas conseiller municipal. Enfin, au regard de cette importante réforme, le mandat des conseillers départementaux et régionaux est repoussé d'une année pour les mandats en cours ;
- **La loi MAPTAM du 27 janvier 2014** réintroduit la clause de compétence générale des départements et des régions et redéfinit le cœur des missions des collectivités territoriales en polarisant la région autour de l'emploi et du transport et le département comme acteur principal de l'accompagnement social. Enfin, le statut de la métropole est revisité et étendu, créant les prémisses de la métropole du Grand Paris sous la forme d'un EPCI à fiscalité propre à statut particulier. La communauté urbaine de Lyon est transformée en collectivité territoriale à statut particulier dénommée « la métropole de Lyon ». Enfin, est créée la métropole d'Aix-Marseille Provence, EPCI à fiscalité propre à statut particulier ;
- **La loi du 16 janvier 2015** revoit de fond en comble le mode de fonctionnement et la répartition des régions en les réduisant de 22 à 13 et en redéfinissant leur organisation, tout en repoussant les élections les concernant de quelques mois ;
- **La loi du 16 mars 2015** modifie et fluidifie la notion de commune nouvelle qui avait été créée en 2010 pour la rendre plus attractive et réduire l'émiettement communal. Cette disposition produira des effets très positifs sur la réduction du nombre de communes ;
- **La loi NOTRe (pour nouvelle organisation territoriale de la République) du 8 août 2015** vise à clarifier les compétences des différents échelons territoriaux (régions, départements, intercommunalités, communes). Pour ce faire, elle supprime la clause de compétence générale des départements et régions (créée l'année précédente), renforce l'échelon communal en confirmant la clause de compétence générale et cherche à amplifier le processus de suppression des communes en leur permettant de créer des communes nouvelles plus facilement. Enfin, cette loi modifie à la marge les EPCI (les seuils de création des EPCI à fiscalité directe sont modifiés, les nouveaux schémas départementaux de coopération intercommunale [SDCI] sont créés, de nouvelles compétences obligatoires sont mises en place...).

L'acte IV de la décentralisation : 2019 à nos jours

Si formellement, il n'est pas encore question d'un acte IV de la décentralisation, trois grands textes concernent la décentralisation sous le premier mandat du président Macron. En effet, dans sa déclaration du 25 avril 2019, le président de la République a appelé à « *ouvrir un nouvel acte de décentralisation, adapté à chaque territoire et fondé sur le principe de différenciation territoriale* ». Cela se traduit par :

- **La loi n° 2019-1461 du 27 décembre 2019** relative à l'engagement dans la vie locale et à la proximité de l'action publique, dite loi engagement et proximité. Elle est le fruit d'un long travail entamé par Emmanuel Macron pour contrebalancer et atténuer les effets de la loi NOTRe.
  Les petites communes ont été, pour partie, malmenées par un texte de décembre 2019, qui avait pour ambition de ne développer que les intercommunalités de taille significative. Aussi, la loi du 27 décembre 2019 a trois axes forts : **accorder davantage de souveraineté aux petites communes au sein des EPCI**, **renforcer la protection des maires tout en leur accordant davantage de pouvoirs** et enfin **permettre une meilleure participation des citoyens à l'action publique** dans le cadre de fonctions locales électives.
  Cette loi, selon le gouvernement, a pour objet de « *valoriser et accompagner ceux qui s'engagent pour la collectivité, en améliorant les conditions d'exercice des mandats locaux* » mais aussi de « *simplifier le quotidien des élus locaux et mieux adapter certaines règles ou seuils aux réalités territoriales* ».
- **La loi organique n° 2021-467 du 19 avril 2021** relative à la simplification des expérimentations mises en œuvre sur le fondement du quatrième alinéa de l'article 72 de la Constitution : cette loi allège les procédures qui s'appliquent aux collectivités territoriales et « *consacre le droit à la différenciation en donnant la possibilité aux collectivités territoriales d'appliquer, d'abord dans un cadre expérimental puis, dans certaines conditions, de manière pérenne, des règles relatives à l'exercice de leurs compétences différentes pour tenir compte de leurs spécificités.* ». C'est ainsi qu'elle « *définit les modalités de candidature des collectivités territoriales aux expérimentations prévues par la loi. Ainsi, une collectivité qui souhaite participer à une expérimentation doit d'abord prendre une délibération motivée pour demander à bénéficier de cette expérimentation. Cette délibération est transmise au préfet, qui l'adresse, accompagnée de ses observations, au ministre chargé des collectivités territoriales. Le gouvernement vérifie que les conditions légales sont remplies et publie, par décret en Conseil d'État, la liste des collectivités territoriales autorisées à participer à l'expérimentation.* » Cette loi organique prendra un tour plus concret avec la loi 3DS, ci-après.
- **La loi 3DS, n° 2022-217 du 21 février 2022** relative à la différenciation, la décentralisation, la déconcentration et portant diverses mesures de simplification de l'action publique locale (cf. question 20).
  Selon l'exposé des motifs de la loi : « *L'ambition de ce texte est de répondre aux besoins de proximité et d'efficacité exprimés par les élus et les citoyens ces dernières années (…) Il est*

désormais temps de construire une nouvelle étape de la décentralisation : une décentralisation de liberté et de confiance. Une décentralisation qui offre aux territoires les moyens d'être plus dynamiques, plus agiles face aux principaux défis auxquels ils font face : la transition écologique, le logement, les transports ainsi que la santé et les solidarités. L'État doit, à travers ses politiques publiques, mieux prendre en compte leur diversité et leurs singularités, pour leur permettre de continuer à construire ces réponses (…) Les transferts de compétences, qui furent l'essence des précédentes lois de décentralisation, doivent être accompagnés désormais d'outils nouveaux permettant de fluidifier les relations entre l'État et les collectivités territoriales. Ainsi, le Gouvernement souhaite développer les possibilités de délégation de compétences pour réaliser des projets spécifiques sur les territoires et élargir le champ d'action du pouvoir réglementaire local. Il souhaite également faciliter le recours à la consultation des électeurs dans les décisions publiques locales. »

Quant à la grande réforme constitutionnelle d'envergure, voulue dès le début du premier mandat du Président Macron en 2017, elle n'a pu être mise en place faute de majorité constitutionnelle (les 3/5e du Parlement sont nécessaires, soit 555 parlementaires acquis). Le second mandat du Président Macron commençant, à l'heure de la rédaction de la présente réédition, aucune majorité parlementaire n'est acquise pour espérer un tel vote. Dès lors, l'acte IV de la décentralisation territoriale est bien maigre : seule la loi 3DS, et des réformes mineures, sont à relever. On est donc encore bien loin des changements structurels, pourtant demandés par tous les acteurs territoriaux.

6. Quelles sont les principales réformes de ces dernières années concernant les collectivités territoriales ?

Les quatre grandes réformes relevées ces dernières années sont le fruit, d'une part, des deux textes adoptés sous le mandat du président Hollande, et d'autre part, des deux textes du président Macron.

Sous François Hollande, il s'agit des lois MAPTAM et NOTRe, précédemment présentées. Ensemble, elles ont obligé les communes à se regrouper sous le contrôle et parfois la direction du préfet, selon une logique davantage territoriale que politique. Elles ont aussi accéléré les fusions de communes ou permis l'émergence de communes nouvelles. Le résultat a été, si ce n'est révolutionnaire, tout au moins de bon augure. Surtout, elles ont considérablement accru la place et les compétences des EPCI et permis l'émergence des métropoles. Le paysage territorial en est depuis bouleversé.

Sous le premier mandat d'Emmanuel Macron, trois textes importants sont intervenus (cf. Question précédente).

7. Quels sont les grands axes des réformes territoriales ?

Les grandes réformes relevées ces dernières années concernent, d'une part, **les regroupements communaux**, d'autre part, **la fiscalité**, et enfin, **le caractère expérimental**. Ces réformes sont le fruit des grands textes adoptés sous le mandat des présidents

Hollande et Macron, qui ont véritablement métamorphosé le paysage institutionnel des collectivités territoriales.
En ce qui concerne la fiscalité, la question s'est toujours posée de permettre aux collectivités territoriales de disposer d'outils fiscaux solides. Pour ce faire, des ressources suffisantes auraient dû permettre à ces dernières de sortir de l'ornière de la baisse des aides de l'État. Sur ce point, le Parlement a œuvré sans grande cohérence. Des leviers divers et trop hétéroclites, permettant aux collectivités territoriales de disposer de nouvelles ressources financières, ont bien été mis en place, mais la grande révolution fiscale attendue n'a pas eu lieu. Par ailleurs s'est rajoutée à tout cela, la suppression de la taxe d'habitation qui, si elle avantage les contribuables, place les collectivités territoriales dans une situation insoluble sur le plan budgétaire, malgré une compensation calculée par l'État mais pas assez maîtrisée. C'est pourquoi, afin de permettre une compensation raisonnable, le gouvernement a convenu que leur serait reversée l'intégralité de la taxe foncière (cf. Question 50).
Cette proposition interroge tant sur le plan juridique que financier. En effet, l'article 72 de la Constitution pose comme principe que les collectivités territoriales s'administrent librement (bien que le Conseil constitutionnel ait validé ce dispositif en décembre 2017, des doutes subsistent). Dès lors, toucher à leurs recettes par une réduction décidée unilatéralement met à mal ce seul principe.
Cette réforme, bien difficile à mener à son terme, soulève au quotidien d'innombrables problèmes pour les communes dont l'équilibre budgétaire était en grande partie assis sur cette recette.
S'agissant des réformes plus récentes, elles concernent les deux textes suivants.

La loi n° 2019-1461 du 27 décembre 2019 relative à l'engagement dans la vie locale et à la proximité de l'action publique : ce texte vise, selon le gouvernement lui-même, à « *valoriser et accompagner ceux qui s'engagent pour la collectivité, en améliorant les conditions d'exercice des mandats locaux [et à] simplifier le quotidien des élus locaux et mieux adapter certaines règles ou seuils aux réalités territoriales* ». Il met en œuvre un grand nombre de dispositions, toutes différentes, de quatre ordres.

- Concernant les EPCI :
  - un pacte de gouvernance : après chaque renouvellement général des conseils municipaux, le président de l'EPCI doit inscrire à l'ordre du jour du conseil communautaire un débat et une délibération sur l'élaboration d'un pacte de gouvernance entre les communes et l'EPCI dont elles sont membres ;
  - une conférence des maires est créée au sein de chaque EPCI ;
  - l'envoi des relevés de l'EPCI aux conseillers municipaux des communes membres ;
  - des transferts de compétences vers l'EPCI sont prévus et assouplis ;
  - le schéma départemental de coopération intercommunale est lui-même assoupli.

- Concernant les pouvoirs de police du maire : les maires voient se renforcer leur pouvoir de police, notamment en matière d'établissement recevant du public mais aussi concernant les débits de boisson et les immeubles menaçant ruine, par un transfert de compétence du préfet vers les maires. Le maire dispose d'un pouvoir élargi concernant les amendes administratives, et ce, depuis le 1er janvier 2021.
- Concernant la commande publique, il sera permis de constituer une commission commune à l'ensemble des membres d'un groupement de commandes ou bien encore en lien avec des délégations de service public ou autres contrats de concession. Ainsi, un EPCI à fiscalité propre sera autorisé à passer des marchés publics pour le compte de ses communes membres réunies en groupements de commandes.
- Concernant les droits des élus : la loi met en place plusieurs dispositions permettant aux élus de mieux concilier leur mandat local avec leur vie professionnelle et personnelle, augmente le régime indemnitaire des maires et de leurs adjoints dans les petites communes, revoit la protection fonctionnelle par un système d'assurance obligatoire pris en partie en charge par l'État et enfin, repose une partie des règles en matière de formation des élus.

La loi 3DS du 21 février 2022 (cf. Question 20).

PARTIE II

Les cadres européens et nationaux

59 questions

1 L'Europe, le juge européen et les collectivités territoriales

1. Questions

8. En quoi les collectivités territoriales sont-elles concernées par l'Europe ?
9. Le droit européen s'applique-t-il aux collectivités territoriales ?
10. Quelles sont les dernières jurisprudences de la CEDH applicables aux collectivités territoriales ?
11. Quelles sont les dernières réformes du Conseil de l'Europe applicables aux collectivités territoriales ?
12. Quelles sont les jurisprudences les plus importantes de l'Union européenne applicables aux collectivités territoriales ?
13. Quelles sont les plus importantes réformes législatives et réglementaires de l'Union européenne applicables aux collectivités territoriales ?
14. Le droit de l'Union européenne, de manière générale, affecte-t-il les collectivités territoriales ?

2. Réponses

8. En quoi les collectivités territoriales sont-elles concernées par l'Europe ?

La question du rapport entre collectivités territoriales et Europe revient à s'interroger sur :
- l'Union européenne d'une part ;
- le Conseil de l'Europe, d'autre part.

Dans l'un et l'autre cas, les collectivités territoriales sont bien concernées par l'Europe, ou plutôt par « les Europes ».

S'agissant de l'Union européenne, lorsque l'on évoque cette question, on peut penser à la politique de cohésion qui vise à « *réduire les écarts de développement entre les 271 régions de l'Union* ». Pour ce faire, l'Union européenne propose de mieux répartir les ressources distribuées, pour que les plus riches de ces régions contribuent davantage au profit des régions les plus pauvres, l'objectif étant d'encourager l'investissement, afin que l'emploi et la croissance économique améliorent le cadre de vie des citoyens européens.

C'est ainsi qu'a été crée, en 1992, *via* le traité de Maastricht, **le Comité européen des régions (CdR)**. Consultatif, il est saisi sur toutes les décisions relatives aux collectivités territoriales. Composé de 329 représentants des collectivités régionales et locales des 27 États membres de l'Union européenne, dont 40 représentants des collectivités françaises, ses membres sont nommés par le Conseil européen sur proposition des États membres, pour cinq ans.
S'agissant des fonds européens, depuis la loi MAPTAM, ce sont les régions elles-mêmes qui les gèrent. Ces fonds « *privilégient les besoins des territoires ou des populations en difficulté, et les actions ayant le plus fort effet économique et social* ».
Il convient également d'évoquer le principe de subsidiarité « *selon lequel l'échelon supérieur ne gère que les affaires qui ne peuvent être réglées localement* ».
De même, et par exemple, les interventions économiques des collectivités, *via* des subventions, sont encadrées par le régime des aides d'État, telles que posées par le droit européen de la concurrence.

S'agissant du Conseil de l'Europe, une **Charte européenne de l'autonomie locale** et des instances de consultation a été créée.
La Charte européenne de l'autonomie locale, qui date du 15 octobre 1985, répond à l'absence de références dans la Convention européenne de sauvegarde des droits de l'homme (CESDH) aux collectivités territoriales. Cette Charte cependant, parce qu'elle est en contradiction partielle avec le caractère unitaire de l'État français, n'a initialement pas pu être signée. Il a fallu attendre la modification constitutionnelle de 2003 (consacrant notamment la libre administration des collectivités territoriales) pour que la France la signe et la ratifie (le 17 janvier 2007).
Des instances de consultation sont également présentes au sein du Conseil de l'Europe, comme le Congrès des pouvoirs locaux et régionaux, qui est composé de 612 membres : 306 membres représentants et 306 membres suppléants, titulaires d'un mandat électif au sein d'une collectivité locale ou régionale. Ces derniers sont regroupés par délégations nationales et répartis entre la Chambre des pouvoirs locaux et la Chambre des régions, qui représentant 46 États (après le départ de la Russie en 2022). Cette instance, qui a pour mission de « *promouvoir la démocratie locale, la coopération transfrontalière et la mise en œuvre de la Charte de l'autonomie locale* » est composée de deux chambres :

- la Chambre des régions ;
- la Chambre des pouvoirs locaux.

9. Le droit européen s'applique-t-il aux collectivités territoriales ?

Le droit européen, qu'il provienne de l'Union européenne, du Conseil de l'Europe et plus particulièrement de la Cour européenne des droits de l'homme (CEDH), s'applique de droit, et directement, dans le droit positif français, et par voie de conséquence, à l'égard des collectivités territoriales.

Pour ce faire, la Constitution de 1958 a été modifiée pour permettre cette entrée « par le haut » dans l'édifice de la hiérarchie des normes (cf. Questions précédentes), de même que les juges suprêmes, Cour de cassation et Conseil d'État ont œuvré pour rendre directement opposables aux requérants les normes européennes.
Il peut être rappelé que les **règlements** de l'Union européenne sont directement applicables par les collectivités territoriales, alors que les **directives** nécessitent des textes permettant leur transcription dans le droit français.

10. Quelles sont les dernières jurisprudences de la CEDH applicables aux collectivités territoriales ?

En s'interrogeant sur le lien entre collectivités territoriales et CEDH, on pose la question de la protection des droits de l'homme par les communes, départements et régions. Il n'y a cependant pas de jurisprudence propre aux collectivités territoriales provenant de la Cour européenne des droits de l'homme.
Sur ce point, la doctrine juridique précise que « *la protection et la promotion des droits de l'homme est une responsabilité partagée entre les différents niveaux d'autorité à l'intérieur de chaque État membre du Conseil de l'Europe. Du fait de la proximité entre les élus et leurs citoyens, le niveau local et régional est le mieux placé pour analyser la situation en matière de respect des droits de l'homme, identifier les problèmes qui se posent et mettre en œuvre des solutions effectives à ces problèmes.* »
On peut également citer une partie du discours d'Eleanor Roosevelt, « Entre nos mains », prononcé le 27 mars 1958 à l'occasion du dixième anniversaire de la proclamation de la Déclaration universelle des droits de l'homme : « *Où commencent les droits universels, après tout ? Ils commencent près de chez soi, en des lieux si proches et si petits qu'on ne peut les voir sur aucune carte du monde. Ils constituent pourtant l'univers personnel de chacun : le quartier où l'on vit ; l'école ou l'université que l'on fréquente ; l'usine, la ferme ou le bureau où l'on travaille. C'est là que chaque homme, chaque femme et chaque enfant aspire à l'équité dans la justice, à l'égalité des opportunités et à la même dignité sans discrimination. Si dans ces lieux les droits sont dénués de sens, ils n'en auront guère davantage ailleurs. Si chacun ne fait pas preuve du civisme nécessaire pour qu'ils soient respectés dans son entourage, il ne faut pas s'attendre à des progrès à l'échelle du monde.* »
Là aussi, le commissaire européen suédois Molin a résumé de façon très claire : « *Les collectivités territoriales doivent être proactives car ce sont elles qui sont en première ligne pour régler les questions relatives aux droits de l'homme et répondre aux besoins des habitants. Il importe que les initiatives puissent émaner de la base, et non pas seulement résulter de telle ou telle nouvelle directive du gouvernement central. Un dialogue permanent doit également être établi entre les différents niveaux de la société, et le Conseil de l'Europe devrait peut-être mettre en place un suivi à cet égard et intégrer pleinement cette dimension dans ses activités. Il conviendrait peut-être également de renforcer la coopération afin de déterminer les priorités concernant les droits économiques et sociaux à protéger à tout prix en cas de récession économique au niveau local, national ou mondial.* »

11. Quelles sont les dernières réformes du Conseil de l'Europe applicables aux collectivités territoriales ?

Le Congrès des pouvoirs locaux et régionaux, précédemment cité, a défini cinq séries de priorités pour son plan 2021-2026 :

- réponses locales et régionales efficaces aux crises de santé publique ;
- qualité de la démocratie représentative et de la participation citoyenne ;
- réduire les inégalités sur le terrain ;
- questions environnementales et action en faveur du climat dans les villes et régions ;
- numérisation et intelligence artificielle dans le contexte local.

Peuvent également être cités deux thèmes largement traités par cette instance :

- **l'Alliance européenne des villes et des régions pour l'inclusion des Roms**, qui a pour objet de favoriser l'échange de savoir-faire et de bonnes pratiques sur l'inclusion des Roms entre les villes et régions participantes. Elle a également vocation à permettre aux villes et régions membres de s'exprimer d'une seule voix, en leur offrant une plateforme pour la promotion de leur point de vue sur les questions relatives à l'inclusion des Roms aux niveaux local et régional ;
- **la campagne « Un sur Cinq »**, qui vise à davantage protéger les enfants contre l'exploitation et les abus sexuels (dite convention de Lanzarote).

12. Quelles sont les jurisprudences les plus importantes de l'Union européenne applicables aux collectivités territoriales ?

Le juge européen de l'Union européenne (c'est-à-dire la Cour de justice de l'Union européenne) est intervenu à plusieurs reprises concernant les collectivités territoriales.
En juin 1989, il a ainsi pu préciser qu'en cas « *de retard dans leur transposition en droit interne, les dispositions claires et impératives devenant directement applicables, les collectivités infra-étatiques doivent les respecter, alors même que l'État chargé de la transposition n'y a pas procédé* ». Le juge européen a précisé que « *tous les organes de l'administration, y compris les autorités décentralisées, telles les communes, sont tenus de faire application de ces dispositions et d'écarter celles des dispositions du droit national qui n'y sont pas conformes* ».
Sur ce point, la doctrine juridique a indiqué que « *selon l'organisation interne des États, les manquements au droit communautaire peuvent être le fait d'institutions très diverses, dont les collectivités territoriales, mais qui seront, par principe, imputés à l'État* » (selon les termes de l'article 228 du traité de l'Union européenne). Dès lors, les collectivités territoriales assurent, à la place de l'État, une responsabilité en matière de transposition des textes européens. Cette situation très embarrassante n'a cependant jamais donné lieu à des poursuites contre les collectivités territoriales. Et ce, alors même que le II de l'article 1611-10 du CGCT prévoit que « *les collectivités territoriales et leurs groupements et établissements publics [...]*

transmettent à l'État toute information utile pour lui permettre de vérifier l'exécution de ses obligations et d'assurer sa défense ».

13. Quelles sont les plus importantes réformes législatives et réglementaires de l'Union européenne applicables aux collectivités territoriales ?

En 1991, le juge européen (la Cour de justice de la communauté européenne, depuis intitulée Cour de justice de l'Union européenne) indiquait que « *ni les dispositions des traités instituant les Communautés européennes, ni les actes de droit dérivé, c'est-à-dire les règlements, les directives ou les décisions, n'ont traité, en tant que telles, des collectivités territoriales des États membres, puisque le traité CEE n'a en rien pour objet ou pour effet de régir l'organisation administrative des États membres ou les compétences qu'ils délèguent à leurs collectivités décentralisées* ».

Près de trente ans après, les choses n'ont pas beaucoup changé. C'est le traité de Lisbonne, à son article 3 bis qui indique : « *L'Union respecte l'égalité des États membres devant les traités ainsi que leur identité nationale, inhérente à leurs structures fondamentales politiques et constitutionnelles, y compris en ce qui concerne l'autonomie locale et régionale.* » Il en découle le lien organique entre les États membres et l'Union européenne, davantage que celui entre cette dernière et les collectivités territoriales.

De ce paysage de l'Union européenne, il ne ressort aucune réforme importante, propre aux collectivités territoriales.

14. Le droit de l'Union européenne, de manière générale, affecte-t-il les collectivités territoriales ?

Les collectivités territoriales sont bien évidemment impactées par le droit de l'Union. Elles le sont, cependant, de manière indirecte puisque ce sont les États membres qui sont les interlocuteurs et les acteurs privilégiés de l'Union.

Les réformes européennes, tant les règlements que les directives, comme rappelé ci-avant, pénètrent le droit positif et affectent directement ou non le droit des collectivités territoriales. Sur ce point, la doctrine juridique a rappelé très justement qu'il « *n'existe ni texte traitant spécialement de la consultation des collectivités territoriales, ni obligation de consulter ces collectivités quand leurs compétences sont concernées* ». C'est dire le rôle direct et protecteur de l'État français sur la question de l'impact de l'Union européenne à l'égard des collectivités territoriales.

Il convient d'ailleurs de préciser qu'une collectivité territoriale est soumise au droit, comme toute administration. À ce titre, le droit européen s'impose. Le non-respect de ces dispositions européennes par une collectivité territoriale engagerait la responsabilité de l'État. Dans ce cas, une action récursoire de l'État à l'égard d'une collectivité territoriale fautive est possible.

2 Les collectivités territoriales et le droit

1. Questions

15. Quel droit est applicable aux collectivités territoriales ?

16. Qu'est-ce que le CGCT ?

17. Quels sont les tribunaux compétents pour juger les collectivités territoriales ?

18. Quelle est l'instance constitutionnelle en charge de réformer les collectivités territoriales ?

19. Le Sénat protège-t-il vraiment les collectivités territoriales ?

20. Qu'est-ce que la loi 3DS ?

2. Réponses

15. Quel droit est applicable aux collectivités territoriales ?

Tout le droit positif, issu de la hiérarchie des normes, s'applique aux collectivités territoriales. En premier lieu, ce sont les dispositions de rang constitutionnel qui s'imposent : la Constitution de 1958, qui, tant en son article 1er que ses articles 72 et suivants, assure aux collectivités territoriales leur légitimité. S'ajoutent au texte de 1958 les principes fondamentaux reconnus par les lois de la République (PFLR), les principes à valeur constitutionnelle et les objectifs de valeur constitutionnelle découverts par le Conseil constitutionnel et propres aux collectivités territoriales.
En deuxième lieu, ce sont les dispositions législatives qui s'appliquent. Sur ce point, le code général des collectivités territoriales occupe une place centrale. C'est le code le plus centré sur les collectivités, mais il n'est pas le seul à leur être applicable. Le code général de la fonction publique, le code général de la propriété des personnes publiques, le code de l'action sociale, le code de la commande publique… ainsi que plusieurs codes concernant, à divers titres, les collectivités territoriales, s'appliquent. Par ailleurs, de nombreux textes législatifs, non codifiés, s'imposent aux collectivités territoriales. D'autres textes adoptés par le Parlement concernant les collectivités territoriales d'outre-mer ont un impact crucial.
En troisième lieu, de très nombreux textes ayant rang réglementaire sont applicables. On en dénombre plusieurs milliers. Ils sont soit codifiés (cf. *supra*), soit non codifiés. Ce sont les décrets et les arrêtés ministériels.

En dernier lieu, le droit « jurisprudentiel » est très largement applicable aux collectivités territoriales. Issue très majoritairement du Conseil d'État, la jurisprudence s'insère « *dans les failles et travers* » du droit positif. Ce sont par exemple des décisions concernant l'attribution de subventions à des associations cultuelles, les règles en matière de marchés publics, de concessions, d'agents publics...

16. Qu'est-ce que le CGCT ?

Le code général des collectivités territoriales est l'un des 75 codes en vigueur. C'est le principal code applicable aux collectivités territoriales. Il succède au code des communes, qu'il a remplacé en 1996.

Le CGCT est composé de six parties, réparties pour partie en lois et pour partie en règlements :

- première partie : dispositions générales (6 livres) ;
- deuxième partie : la commune (5 livres) ;
- troisième partie : le département (4 livres) ;
- quatrième partie : la région (4 livres) ;
- cinquième partie : la coopération locale (9 livres : syndicats de commune, districts, communautés de communes, communautés urbaines, communautés d'agglomération, communautés de ville...) ;
- sixième partie : collectivités d'outre-mer régies par l'article 74 de la Constitution (4 livres).

> **POUR ALLER PLUS LOIN**
>
> **Il est disponible en ligne, gratuitement, sur le site internet www.legifrance.gouv.fr et publié, de manière payante, par plusieurs éditeurs.**

17. Quels sont les tribunaux compétents pour juger les collectivités territoriales ?

Conformément au principe de séparation des autorités (c'est-à-dire séparation des deux ordres de juridiction, judiciaire et administratif), tel qu'il est notamment posé par la loi des 16 et 24 août 1790, les tribunaux judiciaires n'ont pas à connaître des affaires de l'administration, en l'occurrence des collectivités territoriales quand elles agissent en qualité d'acteur public. Quand elles agissent en qualité de personne privée, ce sont les juridictions judiciaires qui sont compétentes (par exemple quand une administration gère un bien immobilier faisant partie de son domaine privé). Par voie de conséquence, ce sont les tribunaux administratifs qui sont seuls compétents, sauf exception (cf. *infra*) pour juger de l'administration territoriale, en première instance. En appel, ce sont les cours administratives d'appel et en cassation, le Conseil d'État.

La juridiction administrative dispose d'une compétence exclusive en matière de **recours pour excès de pouvoir**, comme l'a confirmé le Conseil constitutionnel dans une décision de 1984. En revanche, c'est la pratique mais aussi l'histoire qui ont confié aux juridictions administratives la compétence de l'examen des questions liées aux contrats administratifs et à la responsabilité administrative, plus communément appelée le **plein contentieux**. Il convient cependant de préciser que certaines matières, concernant les collectivités territoriales, sont réservées à d'autres tribunaux. Il s'agit par exemple de toutes les questions liées à des infractions pénales, qui sont du ressort des tribunaux pénaux (tribunal correctionnel et cour d'assises), comme le vol, les escroqueries, les violences… La loi a également attribué une compétence « légale » aux tribunaux judiciaires en matière de contentieux des véhicules (par une loi de 1957).

Il ressort de tout cela que l'ensemble des tribunaux sont compétents pour juger les collectivités territoriales, suivant en cela les attributions de compétence posées par le législateur ou par les juridictions (comme le tribunal des conflits).

18. Quelle est l'instance constitutionnelle en charge de réformer les collectivités territoriales ?

Sur le plan constitutionnel, seul le Parlement dispose de toute légitimité pour « créer » et réformer les collectivités territoriales. Il tire ce pouvoir du texte constitutionnel de 1958 et plus particulièrement de l'article 34 qui dispose : « *La loi détermine les principes fondamentaux […] de la libre administration des collectivités territoriales, de leurs compétences et de leurs ressources.* »

Le pouvoir exécutif ne peut intervenir que pour mettre en œuvre les dispositions législatives ou créer, en dehors des matières de la loi, des textes réglementaires applicables aux collectivités territoriales.

Cependant, le texte constitutionnel permet de déroger à ce partage rigide par le biais de l'article 38, relatif aux ordonnances. Cela permet au gouvernement d'intervenir dans les matières de la loi, et plus précisément de « réformer » les collectivités territoriales. Ce travail aboutit, généralement, à un résultat plus satisfaisant et homogène, notamment sur des questions très techniques comme l'organisation territoriale, dans la mesure où le texte final n'est pas amputé ou modifié par de nombreux amendements.

En revanche, c'est le principe démocratique lui-même qui est mis à mal, par une écriture très technocratique, c'est-à-dire issue des « administrations centrales et cabinets ministériels », sans possibilité pour les élus de la République de pouvoir discuter et amender les textes qui auront force de loi.

19. Le Sénat protège-t-il vraiment les collectivités territoriales ?

Le Sénat est la seule des deux chambres du Parlement à être composée de parlementaires élus par des représentants des collectivités territoriales.

Représentant près de 80 000 électeurs (sur les 600 000 élus des collectivités territoriales), ce collège de votants (que l'on appelle aussi les « grands électeurs ») désigne ses propres représentants, issus en très grande partie des collectivités territoriales. À ce titre, et selon

toute logique, ils sont les premiers à les « protéger ». Cette « protection » couvre quantité de matières propres aux collectivités territoriales (compétences, impôts, domaine public, agents publics…). Elle est cependant à nuancer dans la mesure où les pouvoirs du Sénat sont faibles face à l'Assemblée nationale. Cette dernière est en effet très bien armée pour s'imposer face au gouvernement.
Hormis une pratique ancienne de saisir le Sénat en premier lieu pour tous les projets de loi concernant les collectivités territoriales, ce dernier n'a aucun pouvoir particulier supplémentaire.

20. Qu'est-ce que la loi 3DS ?

La loi n° 2022-217 du 21 février 2022 relative à la différenciation, la décentralisation, la déconcentration et portant diverses mesures de simplification de l'action publique locale, dite loi 3DS, intervient après de nombreux textes portant sur les collectivités territoriales. Très ambitieuse, elle est cependant très longue (271 articles) et va dans de très nombreuses directions, assez différentes les unes des autres. La réforme fonctionnelle de l'appareil local, voulu par le président Macron, va mettre du temps à être mise en œuvre, alors même qu'elle apporte beaucoup de réformes majeures.
C'est ainsi que ce texte intervient, en ordre dispersé, sur les items suivants :

- **La différenciation** : le CGCT comprend à présent cette notion de différentiation. Il devient donc un des principes généraux de la décentralisation et permettra, sous conditions strictes, aux collectivités territoriales, de disposer de compétences différentes. En Alsace par exemple, en matière de gestion des routes, ou encore le quota de logements sociaux, les questions de RSA, la promotion du tourisme.
- **La transparence et moralisation de la vie politique** : c'est le conflit d'intérêts qui est visé puisqu'à présent les élus désignés par leur organe délibérant ne sont pas considérés comme ayant un intérêt lorsque leur collectivité ou établissement délibère.
- **Le transfert des routes** : les départements peuvent se voir transférer des routes, autoroutes ou portions de voies.
- **Le logement et urbanisme** : sont concernés les documents d'urbanisme, le droit de préemption, l'implantation des éoliennes, l'habitat.
- **L'environnement** : là aussi, sont concernés plusieurs matières, comme la prévention des inondations, la gestion d'un site Natura 2000, la biodiversité, le cycle de l'eau…

3 La Constitution, le Conseil constitutionnel et les collectivités territoriales

1. Questions

21. En quoi la Constitution de 1958 nous renseigne-t-elle sur les collectivités territoriales ?
22. Quelles sont les principales décisions du Conseil constitutionnel concernant les collectivités territoriales ?
23. Quelles sont les questions prioritaires de constitutionnalité impactant les collectivités territoriales ?
24. Qu'est-ce que la notion de « libre administration des collectivités territoriales » ?
25. Qu'est-ce que l'expérimentation et la différentiation pour les collectivités territoriales ?

2. Réponses

21. En quoi la Constitution de 1958 nous renseigne-t-elle sur les collectivités territoriales ?

Plusieurs articles de la Constitution du 4 octobre 1958 nous renseignent sur les collectivités territoriales.

L'article 1er, tout d'abord, indique de manière générale : « *La France est une République indivisible, laïque, démocratique et sociale. Elle assure l'égalité devant la loi de tous les citoyens sans distinction d'origine, de race ou de religion. Elle respecte toutes les croyances. Son organisation est décentralisée.* »

L'article 34, concernant le Parlement, précise ensuite : « *La loi détermine les principes fondamentaux [...] de la libre administration des collectivités territoriales, de leurs compétences et de leurs ressources.* »

Les articles 72 et suivants complètent et développent ces points : « *Les collectivités territoriales de la République sont les communes, les départements, les régions, les collectivités à statut particulier et les collectivités d'outre-mer régies par l'article 74. Toute autre collectivité territoriale est créée par la loi, le cas échéant en lieu et place d'une ou de plusieurs collectivités mentionnées au présent alinéa.*

Les collectivités territoriales ont vocation à prendre les décisions pour l'ensemble des compétences qui peuvent le mieux être mises en œuvre à leur échelon.
Dans les conditions prévues par la loi, ces collectivités s'administrent librement par des conseils élus et disposent d'un pouvoir réglementaire pour l'exercice de leurs compétences.
Dans les conditions prévues par la loi organique, et sauf lorsque sont en cause les conditions essentielles d'exercice d'une liberté publique ou d'un droit constitutionnellement garanti, les collectivités territoriales ou leurs groupements peuvent, lorsque, selon le cas, la loi ou le règlement l'a prévu, déroger, à titre expérimental et pour un objet et une durée limités, aux dispositions législatives ou réglementaires qui régissent l'exercice de leurs compétences.
Aucune collectivité territoriale ne peut exercer une tutelle sur une autre. Cependant, lorsque l'exercice d'une compétence nécessite le concours de plusieurs collectivités territoriales, la loi peut autoriser l'une d'entre elles ou un de leurs groupements à organiser les modalités de leur action commune.
Dans les collectivités territoriales de la République, le représentant de l'État, représentant de chacun des membres du gouvernement, a la charge des intérêts nationaux, du contrôle administratif et du respect des lois. »

C'est ainsi qu'à la lecture combinée de ces dispositions, la Constitution nous renseigne très précisément et surtout de manière quasi exhaustive sur les collectivités territoriales. Ces dernières sont définies et disposent de prérogatives. Elles s'administrent librement par des conseils élus.

Le fait qu'elles disposent d'un pouvoir réglementaire en dit long sur la production des normes qui leur revient, c'est-à-dire les délibérations, arrêtés et décisions qu'elles produisent.

22. Quelles sont les principales décisions du Conseil constitutionnel concernant les collectivités territoriales ?

Le Conseil constitutionnel a été saisi à de très nombreuses reprises pour se prononcer sur les collectivités territoriales. Tant au regard de décisions relatives à la conformité à la Constitution de textes votés, selon la procédure prévue en « conformité » (dites DC), qu'en répondant à des « questions prioritaires de constitutionnalité » (dites QPC).

C'est d'abord la décision 79-104 DC du 23 mai 1979, relative au territoire de Nouvelle-Calédonie, qui permit au juge suprême de donner valeur constitutionnelle au principe de libre administration des collectivités territoriales.

Ensuite, ce sont les deux décisions du 25 février 1982 (n° 82-137 DC, loi relative aux droits et libertés des communes, des départements et des régions et 82-138 DC, loi portant statut particulier de la région Corse) qui ont définitivement posé le principe de libre administration, tel qu'il ressort de l'article 72 de la Constitution.

Sur la question de l'autonomie financière, telle qu'elle est posée par l'article 72-2 de la Constitution (« *Les collectivités territoriales bénéficient de ressources dont elles peuvent disposer librement dans les conditions fixées par la loi* »), le juge constitutionnel a précisé à plusieurs reprises que les collectivités territoriales disposent de l'autonomie financière.

Ainsi, le transfert de charges est bien, selon le Conseil constitutionnel, « *un élément, certes spécifique, de leur autonomie financière et, au-delà, de leur libre administration* ».

Avec la grande réforme constitutionnelle de 2003, le Conseil constitutionnel s'est prononcé de manière significative sur les collectivités territoriales. Il a pu préciser, par exemple, que les conseils régionaux et l'assemblée de Corse ne peuvent déroger aux autres collectivités territoriales : « *Compte tenu de leurs compétences, de leur place dans l'organisation décentralisée de la République et de leurs règles de composition et de fonctionnement, l'Assemblée de Corse et les conseils régionaux ne se trouvent pas dans une situation différente au regard de l'objectif inscrit au cinquième alinéa de l'article 3 de la Constitution, en vertu duquel "la loi favorise l'égal accès des femmes et des hommes aux mandats électoraux et fonctions électives".* » Par conséquent, aucune particularité locale ni aucune raison d'intérêt général ne justifie la différence de traitement en cause. Ainsi, celle-ci est contraire au principe d'égalité (décision n° 2003-468 DC).

Sur le principe de subsidiarité prévu à l'article 72-2 de la Constitution, le juge suprême a bien confirmé que « *le transfert aux départements de la gestion du revenu minimum d'insertion n'a pas été regardé comme contraire à ces dispositions* » (décision n° 2003-487 DC, 18 décembre 2003, cons. 8, *Journal officiel* du 19 décembre 2003, p. 21686).

Les collectivités territoriales peuvent donc bien, légalement, se substituer à l'autorité de l'État sur des matières précises, pour autant que le principe de libre administration et les ressources financières soient respectés.

Enfin, le principe de « libre administration des collectivités territoriales » a été commenté à deux reprises par le Conseil constitutionnel (décisions n° 2004-490 DC et 2004-506 DC), sans rien ajouter de fondamental, pour autant, à la règle déjà commentée par le juge constitutionnel.

23. Quelles sont les questions prioritaires de constitutionnalité impactant les collectivités territoriales ?

C'est par une première décision rendue le 2 juillet 2010 que le Conseil constitutionnel s'est prononcé sur une question prioritaire de constitutionnalité (QPC) relative au droit des collectivités territoriales : ces dernières peuvent en effet déposer une QPC.

En l'espèce, il s'agissait d'un recours exercé par la commune de Dunkerque « *à l'occasion d'un recours pour excès de pouvoir dirigé contre deux décisions du préfet du Nord refusant de prononcer sa fusion avec deux autres communes* ». La commune requérante soutenait que « *[...] en prévoyant un référendum pour toutes les fusions de communes, les dispositions précitées sont contraires à la dernière phrase du troisième alinéa de l'article 72-1 de la Constitution qui autorise uniquement une consultation des électeurs en matière de modification des limites des collectivités territoriales ; qu'elles méconnaîtraient le principe de la souveraineté nationale en conférant à une section du peuple un pouvoir de décision ; qu'elles porteraient atteinte au principe de libre administration des collectivités territoriales* ». Le juge suprême n'a cependant pas fait droit à la demande de la commune et n'a donc pas annulé les articles L. 2113-2 et 2113-3 du CGCT par les arguments suivants : « *[...] la fusion de communes ne constitue pas un acte portant atteinte à la libre administration des collectivités territoriales ; [...] Considérant qu'en tout état de cause, la décision de procéder à la fusion de communes à la suite d'une consultation des électeurs ne met en cause ni la définition de la souveraineté nationale ni les conditions de son exercice.* »

Depuis, le juge constitutionnel a été très souvent saisi concernant la constitutionnalité de lois à l'égard des collectivités territoriales, *via* le dispositif des questions prioritaires de constitutionnalité (QPC).

Les matières concernées sont nombreuses et ne sont pas forcément en lien direct avec la libre administration des collectivités territoriales mais davantage avec les questions de décentralisation et de pouvoir de l'autorité de tutelle qu'exerce le préfet.

24. Qu'est-ce que la notion de « libre administration des collectivités territoriales » ?

La question de la libre administration des collectivités territoriales apparaît de manière explicite dans le texte même de la Constitution à l'article 72 : « *Dans les conditions prévues par la loi, ces collectivités s'administrent librement par des conseils élus et disposent d'un pouvoir réglementaire pour l'exercice de leurs compétences.* »

Cette notion est donc la possibilité donnée aux collectivités territoriales d'être « gérées » par des conseils élus (conseil municipal, départemental, régional ou d'administration) et de produire des actes administratifs unilatéraux (délibération, arrêté ou décision).

Depuis plus de quarante ans, cette question est débattue, tant par les juges que par la doctrine. C'est ainsi que le Conseil constitutionnel, dès 1979, dans une importante décision relative à la Nouvelle-Calédonie, précisait le contenu de cette liberté (cf. Question 21).

Il faudra cependant attendre 2003 et sa réforme de la Constitution pour que soit inséré l'article 72-2 : « *Les collectivités territoriales bénéficient de ressources dont elles peuvent disposer librement dans les conditions fixées par la loi.*

Elles peuvent recevoir tout ou partie du produit des impositions de toutes natures. La loi peut les autoriser à en fixer l'assiette et le taux dans les limites qu'elle détermine.

Les recettes fiscales et les autres ressources propres des collectivités territoriales représentent, pour chaque catégorie de collectivités, une part déterminante de l'ensemble de leurs ressources. La loi organique fixe les conditions dans lesquelles cette règle est mise en œuvre.

Tout transfert de compétences entre l'État et les collectivités territoriales s'accompagne de l'attribution de ressources équivalentes à celles qui étaient consacrées à leur exercice. Toute création ou extension de compétences ayant pour conséquence d'augmenter les dépenses des collectivités territoriales est accompagnée de ressources déterminées par la loi.

La loi prévoit des dispositifs de péréquation destinés à favoriser l'égalité entre les collectivités territoriales. »

Sur ce point, l'article 34 de la Constitution renvoie au législateur le soin de déterminer les « *principes fondamentaux [...] de la libre administration des collectivités locales, de leurs compétences et de leurs ressources* ». Ce premier constat est celui d'une notion « constitutionnelle » significative. Dès lors, les ressources financières d'une collectivité territoriale, comme ses compétences, ne peuvent être limitées par décret, mais bien par la loi. Cela change considérablement la donne puisque c'est au Parlement que revient le soin de déterminer les principes fondamentaux relatifs à cette notion.

Par ailleurs, si cette dernière doit être modifiée au sein même du texte constitutionnel, il reviendra au Parlement de disposer d'un quasi-consensus parlementaire lorsque cette « liberté » sera affectée (les 3/5e des suffrages exprimés au Parlement sont nécessaires pour modifier la Constitution). Avec la position et le rôle du Sénat, gardien des collectivités territoriales, il n'est donc pas facile d'attenter à la « *libre administration des collectivités territoriales* ».

Il s'agit donc bien d'une liberté constitutionnelle protégée au plus haut niveau de l'État.

25. Qu'est-ce que l'expérimentation et la différentiation pour les collectivités territoriales ?

Le président Macron a proposé, lors de sa campagne électorale et plus tard, courant 2018, de permettre aux collectivités territoriales d'expérimenter « *des règles relatives à l'exercice de leurs compétences différentes pour tenir compte de leurs spécificités* ». Ce point a été débattu devant l'Assemblée nationale au tournant de l'été 2018. Lors de sa présentation, le gouvernement avait alors indiqué qu'il s'agissait d'une décentralisation de projet, par la différenciation. Actuellement, ce mécanisme est inscrit dans le texte constitutionnel et il prévoit que « *les collectivités peuvent déroger au droit commun "à titre expérimental" et "pour un objet et une durée limités"* » (article 72 de la Constitution – il est également prévu par le CGCT).

Beaucoup d'incertitudes planent encore sur cette question d'expérience et de différentiation : la question financière, bien évidemment, interroge. Comment assurer un gain satisfaisant pour les collectivités territoriales ? Comment assurer une égalité de traitement entre celles-ci ?

C'est ce que la loi organique n° 2021-467 du 19 avril 2021 relative à la simplification des expérimentations mises en œuvre sur le fondement du quatrième alinéa de l'article 72 de la Constitution est venue combler, en posant le cadre juridique adéquat. Par la suite, la loi 3DS est venue définir ce cadre (cf. Question 20).

Ce mécanisme expérimental, qui n'est pas isolé, doit, selon le gouvernement, « *consacrer le droit à la différenciation territoriale. Les collectivités locales vont pouvoir appliquer, dans un cadre expérimental puis, dans certaines conditions, de façon pérenne, des règles relatives à l'exercice de leurs compétences différentes pour tenir compte de leurs spécificités [...]. Afin d'inciter les collectivités territoriales à se saisir davantage de cette démarche, la loi simplifie le cadre juridique des expérimentations. Les collectivités territoriales ou leurs groupements vont désormais pouvoir, par une simple délibération, décider de participer à une expérimentation (jusqu'ici les expérimentations devaient être autorisées par un décret en Conseil d'État). En outre, les conditions d'entrée en vigueur des actes pris par les collectivités dans le cadre d'une expérimentation et les conditions d'exercice de leur contrôle de légalité sont allégées.* »

Il devrait s'agir à terme d'un tournant majeur dans le développement des collectivités territoriales.

4 Le juge administratif et les collectivités territoriales

1. Questions

26. Quels sont les actes administratifs des collectivités territoriales soumis au juge administratif ?

27. Qui peut attaquer un acte administratif provenant d'une collectivité territoriale ?

28. Quelles sont les conséquences de la saisine du juge administratif pour les collectivités territoriales ?

29. Comment le juge administratif tranche les questions de plein contentieux liées aux collectivités territoriales ?

2. Réponses

26. Quels sont les actes administratifs des collectivités territoriales soumis au juge administratif ?

Les collectivités territoriales produisent trois catégories d'actes administratifs, soumis à l'appréciation du juge administratif. Il s'agit des délibérations, des arrêtés et des décisions :

- les délibérations sont des actes pris après examen et débat au sein de l'assemblée de la collectivité (conseil municipal, départemental ou régional, commission permanente, conseil d'EPCI) ;
- les arrêtés émanent du président de l'exécutif de la collectivité territoriale ou de l'EPCI, en vertu des pouvoirs propres qu'il exerce dans des domaines relevant directement de son autorité (voirie, police administrative et pouvoirs du maire, gestion du personnel, gestion et affectation des bâtiments) ;
- les décisions du pouvoir exécutif sont prises sur délégation de compétence de l'organe délibérant (par exemple, le conseil municipal délibère et délègue une partie de son pouvoir au maire, pour la seule durée de son mandat, et selon un cadre légal posé explicitement par le CGCT).

Le problème, cependant, ne réside pas tant dans la catégorie d'actes administratifs ou de pratiques administratives soumis à l'appréciation du juge administratif, que dans le contrôle que peut opérer ce dernier sur des actes qui ne rentrent pas dans ces catégories juridiques.
En effet, jusqu'au milieu des années 1990, tout ce qui ne concernait pas ces trois catégories était considéré comme des actes législatifs, juridictionnels ou des « *mesures d'ordre intérieur* » (MOI), c'est-à-dire des actes qui ne produisent pas de droit (par droit, on entend des obligations, des interdictions ou des sanctions). Avec une première décision significative rendue en 1995 (Conseil d'État, *Hardouin et Marie*), le Conseil d'État a accepté d'examiner des actes considérés jusqu'alors comme des MOI. Depuis, le juge administratif s'estime parfaitement compétent pour examiner les actes internes aux collectivités territoriales, c'est-à-dire les délibérations, arrêtés et décisions, mais aussi des règlements intérieurs, chartes ou autres directives, pour autant que ces derniers produisent du droit ou sont susceptibles d'influer le comportement de leur destinataire. On peut donc dire que tous ces actes « qui produisent du droit » ou qui « influencent » l'usager ou l'opérateur peuvent être soumis au juge administratif.

La soumission des actes administratifs des collectivités territoriales au juge administratif est définie par le code de justice administrative, qui pose des règles strictes en matière de saisine de la juridiction administrative.
C'est ainsi qu'un acte administratif est déféré au juge administratif dans le délai de deux mois, soit à partir de l'affichage de l'acte administratif réglementaire (ce dernier a une portée générale et impersonnelle. Il ne vise pas une personne en particulier, mais une catégorie de personnes physiques ou morales), soit à la notification de l'acte administratif individuel (il n'a comme destinataires que des personnes nommément désignées, personne morale ou physique. Il peut y avoir plusieurs personnes nommément désignées).
Le code de justice administrative précise ainsi que l'acte administratif unilatéral attaqué doit être transmis à l'appui de la requête qui doit elle-même contenir des éléments de fait et de droit, c'est-à-dire expliquer le contexte et le motif de l'illégalité de l'acte attaqué. Si le requérant ne dispose pas de l'acte administratif attaqué, qu'il doit produire devant le juge administratif, il peut, soit produire l'accusé de réception de la demande initiale (parce que l'administration a refusé de répondre explicitement à sa demande), soit saisir la Commission d'accès aux documents administratifs – CADA (qui est une autorité publique indépendante qui a pour mission de faciliter et contrôler l'accès des particuliers aux documents administratifs. Elle intervient quand l'administration refuse de délivrer l'acte sollicité).
Ce sont ces trois conditions qui seront exigées par le juge administratif.

27. Qui peut attaquer un acte administratif provenant d'une collectivité territoriale ?

La qualité de demandeur/requérant est essentielle et conditionne la recevabilité de la requête. C'est ce qu'on appelle l'intérêt à agir.

La première règle qui s'impose concernant les actes administratifs unilatéraux d'une collectivité est le lien qui unit le requérant à la collectivité. C'est ainsi que seul le résident et contribuable d'une commune peut contester la majorité des actes de sa commune. Il en est de même de l'habitant de la région ou du département. À cette règle cependant un grand nombre de restrictions s'imposent. Les arrêtés de voirie, les permis de construire ou encore les décisions concernant la fonction publique (et notamment les agents publics de la collectivité) ne sont attaquables que sous certaines conditions de liens très significatifs entre le requérant et l'acte.

Le juge administratif va vérifier très précisément cette qualité du demandeur et dégager une règle finalement intangible : **le requérant doit être directement impacté par l'acte**. Soit parce que l'acte est en relation directe avec la participation financière du requérant aux finances de la collectivité territoriale, soit parce que les conséquences de l'acte administratif unilatéral impactent la situation juridique du requérant.

Le préfet, en charge du contrôle de légalité, a quant à lui toujours intérêt à agir contre les décisions des collectivités territoriales de son ressort. On dit qu'il saisit le juge administratif par le biais du « déféré préfectoral ».

28. Quelles sont les conséquences de la saisine du juge administratif pour les collectivités territoriales ?

Il existe deux catégories de contentieux administratif qui affectent les collectivités territoriales :

- **le recours pour excès de pouvoir (REP)** : c'est le recours fait contre un acte administratif. Le juge a seulement deux options : soit il rejette la demande du requérant et ce dernier peut faire appel ou a perdu, soit le juge annule l'acte administratif unilatéral (AAU). Ce dernier est considéré comme n'ayant jamais existé. Le requérant a gagné ;
- **le plein contentieux** : le recours peut être indemnitaire, parce qu'il est relatif à une demande de réparation, suite à un préjudice subi par le requérant. Le juge peut alors condamner la collectivité territoriale à verser au requérant une somme d'argent, sans minimum ou maximum. Le plein contentieux peut aussi concerner l'exécution, la rupture ou le non-renouvellement d'un contrat (travail, occupation du domaine public, marché public...). Le juge a tous les pouvoirs pour contraindre l'administration à faire ou ne pas faire, ou bien réparer la victime du préjudice subi. Le contentieux des élections locales entre également dans la rubrique du « plein contentieux ».

29. Comment le juge administratif tranche les questions de plein contentieux liées aux collectivités territoriales ?

Le juge administratif, en matière de plein contentieux, dispose de pouvoirs très étendus. Il peut exiger tous les documents liés à l'affaire, mettre en place une expertise, sans que les parties la demandent, inviter les parties à répondre à des questions précises…
La décision qu'il prend est elle aussi originale parce qu'il peut condamner l'administration à réparer en totalité le préjudice subi par la ou les victimes, exiger que l'administration remette la victime dans sa situation antérieure à l'affaire, le tout dans un délai très court. Les décisions des juges administratifs étant à présent très explicites, le juge n'a pas besoin d'être sollicité par la suite pour « commenter » sa décision, même s'il peut l'être dans le cadre d'un recours sur le fondement de l'article R. 931-1 du code de justice administrative.

5 Les collectivités territoriales et les élections

1. Questions

30. Quelles sont les principales règles applicables aux collectivités territoriales en matière d'élections ?
31. Est-ce que la parité s'applique aux élections locales ?
32. Qui est le juge de l'élection des collectivités territoriales ?
33. Quelles sont les conséquences de la contestation et de l'annulation de l'élection d'un élu municipal, départemental ou régional ?
34. Qu'est-ce que le cumul en matière électorale ?
35. Qui est responsable de l'organisation des élections nationales et européennes sur la commune ?
36. Qu'est-ce qu'une commission de contrôle des opérations de vote ?

2. Réponses

30. Quelles sont les principales règles applicables aux collectivités territoriales en matière d'élections ?

En premier lieu, c'est la Constitution, par l'intermédiaire de l'article 72, qui pose le caractère électif des collectivités territoriales : « *Dans les conditions prévues par la loi, ces collectivités s'administrent librement par des conseils élus.* »

En deuxième lieu, c'est toujours la Constitution qui, à son article 3 indique : « *La souveraineté nationale appartient au peuple qui l'exerce par ses représentants et par la voie du référendum.*

Aucune section du peuple ni aucun individu ne peuvent s'en attribuer l'exercice.

Le suffrage peut être direct ou indirect dans les conditions prévues par la Constitution. Il est toujours universel, égal et secret.

Sont électeurs, dans les conditions déterminées par la loi, tous les nationaux français majeurs des deux sexes, jouissant de leurs droits civils et politiques. »

C'est donc bien le citoyen, habitant du ressort de la collectivité territoriale, qui vote.

En troisième lieu, c'est le Conseil constitutionnel qui, à deux reprises (en 1982 et en 1992), a précisé que ces principes s'imposent aux élections locales, en raison du fait que les élus locaux participent à la désignation des sénateurs. Le juge constitutionnel ajoute d'ailleurs que les ressortissants de l'Union européenne sont électeurs des scrutins locaux. Cette règle s'étend à l'ensemble des États membres de l'Union européenne.

En quatrième lieu, c'est le législateur, comme l'autorise le texte constitutionnel, qui définit les règles en matière d'élections. À ce titre, c'est au sein du code électoral que se trouvent les principales dispositions applicables aux élections nationales et locales. Par voie de conséquence, la parité, le pluralisme et la compétence du juge administratif en cas de contestation sont les principes centraux en matière d'élection.

S'agissant du contentieux électoral lui-même, plusieurs règles s'imposent :

- la contestation des élections appartient seulement aux électeurs, aux candidats et au préfet ;
- il n'y a pas d'obligation de recourir à un avocat ;
- le délai de contestation des élections municipales et départementales est posé par l'article R. 119 du code électoral : il expire à dix-huit heures le cinquième jour qui suit l'élection (sachant qu'il commence le lendemain de la proclamation) ; pour les élections régionales, le délai est porté à dix jours après la proclamation des résultats (article L. 361 du code électoral) ;
- la demande doit être précise et ne porter que sur l'annulation de l'élection.

31. Est-ce que la parité s'applique aux élections locales ?

La parité a fait son entrée dans la fonction publique comme au sein des collectivités territoriales par étapes successives. Sur ce point, la loi constitutionnelle du 8 juillet 1999 prévoit que « *la loi favorise l'égal accès des femmes et des hommes aux mandats électoraux et fonctions électives* ».

Un premier grand texte, adopté le 6 juin 2000, porte sur la « loi sur la parité » et oblige les partis politiques à présenter, dans tous les scrutins de liste, une moitié de candidats de chaque sexe à une unité près.

Par la suite, une loi du 31 janvier 2007 tendant à promouvoir l'égal accès des femmes et des hommes aux mandats électoraux et fonctions électives est intervenue en imposant aux adjoints aux maires l'obligation de parité pour les exécutifs des communes de 3 500 habitants et plus.

Une autre grande loi, du 17 mai 2013, a imposé à toutes les communes de plus de 1 000 habitants le principe de la parité, c'est-à-dire la stricte égalité des hommes et des femmes au sein des listes électorales soumises aux électeurs.

Par ailleurs, comme l'indique l'AMF (Association des maires de France) :

- aucune disposition n'impose de différence de sexe entre le maire et son (ou sa) premier(ère) adjoint(e) ;

- les listes de présentation des candidats aux fonctions d'adjoints ne sont pas soumises à l'alternance stricte ;
- la désignation des vice-présidents au sein des conseils communautaires n'est pas soumise à l'obligation de parité.

Les conséquences de ces dispositions sont bien évidemment importantes puisqu'elles permettent une meilleure représentation des deux sexes.

32. Qui est le juge de l'élection des collectivités territoriales ?

Si le contentieux des élections nationales (président de la République, députés, sénateurs et députés européens) est entre les mains, selon les articles 58 et 59 de la Constitution, du Conseil constitutionnel, le contentieux des élections locales est du ressort exclusif de la juridiction administrative.

C'est le code électoral (articles L. 248 pour les communes, L. 222 pour les départements et L. 361 pour les régions) qui nous renseigne en indiquant que le tribunal administratif est compétent pour les élections communales et départementales (et plus particulièrement le tribunal administratif du ressort de l'élection) et le Conseil d'État pour les élections régionales.

L'appel de la décision du tribunal administratif est opéré, lui, devant le Conseil d'État et non devant la cour administrative d'appel.

33. Quelles sont les conséquences de la contestation et de l'annulation de l'élection d'un élu municipal, départemental ou régional ?

Des règles propres à ces trois catégories d'élections sont prévues par le code électoral.

S'agissant des élus communaux, l'article L. 250 du code électoral prévoit que « *les conseillers municipaux proclamés restent en fonction jusqu'à ce qu'il ait été définitivement statué sur les réclamations* », c'est-à-dire jusqu'à ce que le juge administratif de l'élection ait rendu son jugement, parce que sa saisine n'est pas suspensive.

Cependant, les articles suivants du même code indiquent très explicitement que « *le tribunal administratif peut, en cas d'annulation d'une élection pour manœuvres dans l'établissement de la liste électorale ou irrégularité dans le déroulement du scrutin, décider, nonobstant appel, la suspension du mandat de celui ou de ceux dont l'élection a été annulée. En ce cas, le Conseil d'État rend sa décision dans les trois mois de l'enregistrement du recours. À défaut de décision définitive dans ce délai, il est mis fin à la suspension. Dans les cas non visés aux alinéas précédents, le Conseil d'État rend sa décision dans les six mois qui suivent l'enregistrement du recours* » et que « *dans le cas où l'annulation de tout ou partie des élections est devenue définitive, l'assemblée des électeurs est convoquée dans un délai qui ne peut excéder trois mois, à moins que l'annulation n'intervienne dans les trois mois qui précèdent le renouvellement général des conseils municipaux* ». Dans ce cas, il n'y a pas de nouvelle élection.

S'agissant des élus départementaux, ce sont à peu près les mêmes règles : l'article L. 223 du code électoral prévoit en effet que « *le conseiller départemental ou les conseillers départementaux élus restent en fonction jusqu'à ce qu'il ait été définitivement statué sur la réclamation* ».

Il est cependant rajouté, à l'article L. 223-1 que « *le tribunal administratif peut, en cas d'annulation d'une élection pour manœuvres dans l'établissement de la liste électorale ou irrégularité dans le déroulement du scrutin, décider, nonobstant appel, la suspension des mandats des élus du canton dont l'élection est annulée* ». En ce cas, le Conseil d'État rend sa décision dans les trois mois de l'enregistrement du recours. À défaut de décision définitive dans ce délai, il est mis fin à la suspension.

Dans les cas non visés aux alinéas précédents, le Conseil d'État rend sa décision dans les six mois qui suivent l'enregistrement du recours. Ce sont donc les mêmes règles que pour la contestation des élections municipales.

S'agissant des élus régionaux, le code électoral (article L. 362) prévoit que « *le conseiller régional dont l'élection est contestée reste en fonction jusqu'à ce qu'il ait été définitivement statué sur la réclamation* ». Il est rajouté, à l'article suivant qu'« *en cas d'annulation de l'ensemble des opérations électorales dans une région, il est procédé à de nouvelles élections dans cette région dans un délai de trois mois* ». Là aussi, des règles identiques aux communes et départements prévalent.

34. Qu'est-ce que le cumul en matière électorale ?

Depuis le milieu des années 1980, la question du non-cumul des mandats est évoquée. Permettant à un plus grand nombre d'acteurs politiques d'occuper des postes au sein des exécutifs, ce principe a mis très longtemps à émerger.

Il est ressorti d'une lecture très basique des cumuls de mandats entre les mains d'élus au Parlement, qu'en 2012, près de 80 % des parlementaires se trouvaient en situation de cumul de mandat. Une loi organique du 14 février 2014 a, par conséquent, interdit « *l'exercice de fonctions exécutives locales par un député ou un sénateur* ».

Quatre ans plus tard, en 2018, le gouvernement a proposé de « *rendre incompatible la fonction de ministre avec un mandat exécutif local et de limiter le cumul des mandats dans le temps pour les parlementaires et les responsables locaux* ». Il en est ressorti une interdiction générale à l'égard des parlementaires nationaux et européens de cumuler leur mandat avec les fonctions de :

- maire (y compris d'arrondissement, délégué ou d'adjoint) ;
- président ou vice-président d'un établissement public de coopération intercommunale (EPCI) ou d'un syndicat mixte ;
- président ou vice-président de conseil départemental ;
- président ou vice-président de conseil régional ;
- président ou membre du conseil exécutif de Corse et président de l'assemblée de Corse ;

- président, vice-président ou membre des exécutifs locaux en outre-mer et président ou vice-président des assemblées d'outre-mer ;
- président ou vice-président de l'organe délibérant de toute autre collectivité territoriale créée par la loi (notamment les métropoles) ;
- président de l'Assemblée des Français de l'étranger ou membre du bureau de cette Assemblée et vice-président de conseil consulaire.

Par ailleurs, les mêmes textes ont imposé la démission du parlementaire du mandat qu'il souhaite, sous trente jours, sans quoi « *le mandat ou la fonction le(la) plus ancien(ne) cesse d'office* ». L'élu démissionnaire est alors remplacé par son suppléant s'il abandonne son poste de parlementaire.

Ces dispositions législatives ont commencé à s'appliquer dès juin 2017, et entraîné la démission de 38 % de députés. Un effet attendu a également été noté, celui d'une féminisation sans précédent des deux chambres du Parlement.

Avec le texte de 2018, ce sont cette fois-ci les ministres qui ont été concernés (leur nombre étant plus réduit, les conséquences sont moindres).

À l'avenir, selon les vœux du président Macron, présentés en avril 2019, il devrait y avoir d'autres mesures en la matière. Pour autant, d'ici la fin de son mandat, il semble peu probable que de nouvelles mesures soient adoptées.

35. Qui est responsable de l'organisation des élections nationales et européennes sur la commune ?

En sa qualité de représentant de l'État, c'est le maire qui est responsable de l'organisation des élections sur sa commune. Peu importe l'élection (municipale, cantonale pour le département, régionale, nationale ou européenne), il assure la bonne tenue des bureaux de vote et du déroulement des élections.

Le ministère de l'Intérieur précise d'ailleurs que le maire doit « *veiller à la mise en place des emplacements d'affichage, organiser les bureaux de vote et superviser l'établissement des procès-verbaux de dépouillement. En cas de défaillance du maire pour ces missions d'organisation des élections, le préfet est en droit de le suppléer.* »

À ce titre, sa responsabilité administrative et pénale peut être recherchée, tant devant le juge administratif lors d'un recours en responsabilité que devant le juge pénal (tribunal correctionnel).

36. Qu'est-ce qu'une commission de contrôle des opérations de vote ?

Le code électoral prévoit, à son article L. 85-1, qu'au sein des communes de plus de 20 000 habitants, sont instituées « *des commissions de contrôle des opérations de vote qui sont chargées de vérifier la régularité de la composition des bureaux de vote ainsi que celle des opérations de vote, de dépouillement des bulletins et de dénombrement des suffrages et de garantir aux électeurs ainsi qu'aux candidats ou listes en présence le libre exercice de leurs droits* ».

Présidées par un juge judiciaire, elles peuvent « *s'adjoindre des délégués choisis parmi les électeurs du département* ». Ces commissions « *procèdent à tous contrôles et vérifications utiles* » et « *ont accès à tout moment aux bureaux de vote et peuvent exiger l'inscription de toutes observations au procès-verbal, soit avant la proclamation des résultats du scrutin, soit après. Les maires et les présidents de bureau de vote sont tenus de fournir tous les renseignements et de communiquer tous les documents nécessaires à l'exercice de cette mission* ». Un rapport est alors établi et adressé au préfet. Ce même rapport est versé au procès-verbal des opérations de vote.

L'objectif de telles commissions est bien entendu d'assurer une meilleure sécurité juridique des élections, ainsi qu'une plus grande légitimité démocratique.

6 Budgets, finances et collectivités territoriales

1. Questions

37. Quelles sont les règles financières et budgétaires applicables aux collectivités territoriales ?
38. Quels sont les principes budgétaires applicables aux collectivités territoriales ?
39. Quelles sont les étapes budgétaires qui sont applicables aux collectivités territoriales ?
40. Quelles sont les divergences entre collectivités territoriales en matière de budget ?
41. Quelles sont les principales ressources des collectivités territoriales ?
42. Quelles sont les principales dépenses des collectivités territoriales ?
43. Quels sont les acteurs concernés par les finances et le budget des collectivités territoriales ?
44. Comment lit-on le budget et les autres documents budgétaires d'une collectivité territoriale ?
45. Que se passe-t-il si le budget d'une collectivité territoriale est voté en déséquilibre ?
46. Que se passe-t-il si le budget n'est pas voté ou si ses documents ne sont pas transmis aux autorités de contrôle ?
47. Comment sont contrôlés les comptes des collectivités territoriales ?
48. Quelle est la différence entre un impôt, une taxe et une redevance ?
49. Quels taxes et impôts sont créés par les collectivités territoriales ?
50. Qu'est-ce que la réforme de la taxe d'habitation ?

2. Réponses

37. Quelles sont les règles financières et budgétaires applicables aux collectivités territoriales ?

Avant la réforme constitutionnelle de 2003, les finances des collectivités territoriales n'étaient pas déterminantes. L'État ne se souciait pas systématiquement de la charge financière impliquée par les missions qui leur étaient dévolues.

Depuis cette date, avec la rédaction de l'article 72 alinéa 2 de la Constitution, les finances locales sont au cœur de leur liberté et de leur autonomie : « *Les collectivités territoriales bénéficient de ressources dont elles peuvent disposer librement dans les conditions fixées par la loi.*

Elles peuvent recevoir tout ou partie du produit des impositions de toutes natures. La loi peut les autoriser à en fixer l'assiette et le taux dans les limites qu'elle détermine.

Les recettes fiscales et les autres ressources propres des collectivités territoriales représentent, pour chaque catégorie de collectivités, une part déterminante de l'ensemble de leurs ressources. La loi organique fixe les conditions dans lesquelles cette règle est mise en œuvre.

Tout transfert de compétences entre l'État et les collectivités territoriales s'accompagne de l'attribution de ressources équivalentes à celles qui étaient consacrées à leur exercice. Toute création ou extension de compétences ayant pour conséquence d'augmenter les dépenses des collectivités territoriales est accompagnée de ressources déterminées par la loi.

La loi prévoit des dispositifs de péréquation destinés à favoriser l'égalité entre les collectivités territoriales. »

La question de la dévolution de nouvelles compétences sans compensation par des ressources nouvelles est au cœur de cet article. Sur ce fondement, l'État est attaqué quand il confie de nouvelles fonctions aux collectivités territoriales, sans assurer, en échange, une dotation, en nature ou en numéraire, ou une fiscalité adaptée, ou encore, lorsqu'il augmente les charges pesant sur une compétence déjà à la main des collectivités, comme le RSA.

Les règles législatives qui s'imposent à elles sont donc :

- la liberté de bénéficier de ressources ;
- la fixation de l'assiette et du taux de l'impôt qu'elles mettent en œuvre ;
- l'établissement de documents budgétaires formalisés dans des délais contraints et selon une procédure réglementaire.

En revanche, les collectivités territoriales ne peuvent créer de nouveaux impôts. Cette prérogative est du ressort exclusif du Parlement (selon l'article 34 de la Constitution).

38. Quels sont les principes budgétaires applicables aux collectivités territoriales ?

Il n'y a pas de principe budgétaire propre aux collectivités territoriales parce que les principes budgétaires « classiques » s'imposent à tous les acteurs publics, collectivités territoriales incluses.

Cependant, certains de ces principes sont aménagés spécialement pour les collectivités territoriales. Ces principes, au nombre de cinq, sont les suivants :

- **le principe d'annualité** : le budget est voté pour une année civile, soit du 1er janvier au 31 décembre. Étant antérieur au 1er janvier, on dit qu'il est fixé *a priori* et est une anticipation de la dépense et de la recette à venir, c'est donc un budget primitif. Seules les collectivités territoriales disposent de délais supplémentaires pour l'adopter. Ce principe d'annualité est en effet aménagé de façon à ce que chaque collectivité territoriale puisse adopter son budget jusqu'au 15 avril de l'année concernée, à l'exception des années où l'assemblée est renouvelée. À ce moment-là un délai est accordé jusqu'au 30 avril. Sur ce point, l'ordonnance du 26 août 2005 relative à la simplification et à l'aménagement des règles budgétaires et comptables applicables aux collectivités territoriales a permis à ces dernières de prévoir un nouveau mécanisme, de pluri-annualité, pour étaler leurs recettes et leurs dépenses ;
- **le principe d'unité** : un seul document comptable doit regrouper l'ensemble des mouvements budgétaires (les recettes et les dépenses). Il n'est donc pas possible de créer un deuxième budget concernant certaines matières ou établissements publics liés à l'administration. Les collectivités territoriales se voient ici aussi autorisées à y ajouter des « budgets annexes ». Ce rajout doit permettre « *de retracer l'activité de certains services* ». Il s'agit du budget des autres établissements publics locaux comme les CCAS, les caisses des écoles, ou encore les services publics industriels et commerciaux gérés directement par les communes ;
- **le principe d'universalité** : l'ensemble des recettes doit couvrir l'ensemble des dépenses. Il s'en déduit qu'il n'est pas possible d'affecter une recette à une dépense au regard de ce principe et de l'unité budgétaire. On évoque alors la règle de non-compensation ou de non-contraction. Seuls les budgets annexes permettent cette dérogation. Les collectivités territoriales peuvent y déroger en affectant des crédits à un service ou une destination particulière liée à une série de dépenses (des opérations d'aménagement urbain liées à l'Agence nationale pour la rénovation urbaine – ANRU par exemple) ;
- **le principe de spécialité** : il impose de préciser le montant et la nature des opérations (en se référant à la nomenclature budgétaire). Ce principe de spécialité vise surtout à assurer une information suffisante pour permettre l'exercice d'un contrôle efficace ;
- **le principe de sincérité** : inspiré du droit comptable privé, le principe de sincérité budgétaire implique l'exhaustivité, la cohérence et l'exactitude des informations financières. La réglementation précise toutefois que la sincérité « *[...] s'apprécie compte tenu des informations disponibles et des prévisions qui peuvent raisonnablement en découler* ».

39. Quelles sont les étapes budgétaires qui sont applicables aux collectivités territoriales ?

Les étapes budgétaires applicables aux collectivités territoriales sont celles propres à tous les établissements publics. Elles se décomposent comme suit :

- **un budget primitif** (ou initial), adopté par l'organe délibérant (le conseil municipal, départemental ou régional ou le conseil d'administration) avant le 1er janvier de l'année ou jusqu'aux dates légales (cf. Question précédente) ;
- **un ou plusieurs budgets qui vont rectifier le budget primitif.** On parle alors de BR pour budget rectificatif ou BS pour budget supplémentaire, ou encore de décision modificative ;
- **un compte administratif.** Il s'agit du bilan de l'année écoulée. Son reliquat (positif ou négatif) va impacter le bilan de l'année n + 1 (d'où le BR ou BS).

Avant toutes ces opérations, cependant, un **débat budgétaire** s'impose, dans un délai réduit, compris dans les deux mois qui précèdent l'adoption du budget primitif.

40. Quelles sont les divergences entre collectivités territoriales en matière de budget ?

Toutes les collectivités territoriales sont soumises aux mêmes dispositions en matière de budget.

En revanche, on peut relever des divergences quant aux lignes de dépenses et de recettes, en fonction des compétences de ces collectivités mais aussi de leur taille. C'est ainsi que le budget d'un département situé dans une zone très habitée sera très important, comme celui d'un EPCI (une métropole par exemple). Les dépenses seront alors variées et les champs d'intervention plus importants.

41. Quelles sont les principales ressources des collectivités territoriales ?

Les ressources des collectivités territoriales correspondent à l'ensemble des recettes de ces dernières.

Elles se composent en premier lieu, pour près de 60 % pour les communes et les départements et 40 % pour les régions, de taxes ou redevances et d'impôts : deux taxes foncières (le bâti et le non-bâti), la taxe d'habitation (qui va disparaître et être compensée d'ici 2023) et l'ancienne taxe professionnelle appelée à présent la contribution économique territoriale – qui comprend la cotisation foncière des entreprises (CET), la cotisation sur la valeur ajoutée des entreprises (CFE) et l'impôt forfaitaire sur les entreprises de réseau (IFER).

Ces impôts sont soit directs (comme indiqué ci-dessus), soit indirects. Dans ce dernier cas, il s'agit de taxes diverses comme celles liées aux certificats d'immatriculation ou de la taxe départementale de publicité foncière, par exemple. Les redevances, elles, sont en lien avec le service public : cela concerne l'eau, le transport, la cantine, l'enlèvement des ordures ménagères… mais aussi l'utilisation du domaine public des collectivités territoriales. Ici aussi, c'est l'organe délibérant de la collectivité territoriale qui fixe son montant.

Les 40 % restant correspondent à ce que l'on appelle les ressources extérieures (recettes diverses des usagers, dotations de l'État, subventions diverses…).

La dotation de l'État, appelée dotation globale de fonctionnement (DGF) comprend une dotation forfaitaire et une dotation de péréquation (établie au regard de la population, la superficie et le potentiel financier de la collectivité).

S'y ajoutent une dotation globale d'équipement (DGE – relative à l'investissement de la collectivité territoriale) et des subventions d'équipement diverses (pour les régions et les départements, cette dotation est en lien avec les établissements scolaires à gérer).
Ces dernières années, le fonds de compensation pour la taxe sur la valeur ajoutée (FCTVA, qui compense la TVA acquittée sur leurs investissements), les recettes liées aux amendes de police, les éventuels emprunts et enfin les financements fléchés de l'Union européenne ont été additionnés aux recettes.
Il convient enfin de préciser que certaines recettes sont grevées d'une affectation spéciale, soit parce que le législateur l'a décidé, soit parce qu'un contrat l'a indiqué (il peut s'agir de certaines subventions, de dons et legs…).

42. Quelles sont les principales dépenses des collectivités territoriales ?

Les dépenses des collectivités territoriales, très nombreuses, sont classées en quatre catégories.

Les dépenses obligatoires : elles sont logiquement inscrites au budget de toutes les collectivités. Ce sont des charges incompressibles, fixées par la loi. Étant obligatoires, si elles ne sont pas inscrites, le budget est irrégulier et encourt l'annulation. C'est l'autorité de tutelle, c'est-à-dire le préfet, qui saisit alors la chambre régionale des comptes.
On y trouve les dépenses liées à la gestion du personnel mais aussi aux premières missions des collectivités territoriales comme l'état civil pour les mairies, les dépenses en lien avec l'action sociale (le RSA notamment) pour les départements. On peut également ajouter les condamnations de justice et les dépenses liées à la gestion des établissements scolaires afférents (écoles pour les communes, collèges pour les départements et lycées pour les régions).
Si les collectivités territoriales ont la possibilité d'emprunter, elles doivent obligatoirement prévoir dans leurs dépenses le remboursement de leurs dettes. Si la dépense obligatoire n'est pas inscrite au budget, la collectivité territoriale est alors mise en demeure de le faire sous un mois par la chambre régionale des comptes. Au-delà de ce délai, la chambre régionale des comptes peut demander au préfet d'inscrire cette dépense de manière unilatérale, le cas échéant en créant une ressource supplémentaire ou en diminuant une dépense facultative afin de couvrir la dépense obligatoire. Le budget est alors exécutoire.

Les dépenses normales, c'est-à-dire récurrentes : il s'agit des dépenses de fonctionnement et d'investissement prévues et liées aux activités des collectivités comme l'entretien des bâtiments, voire leur reconstruction (dans le cadre d'une dépense pluriannuelle), l'entretien du domaine public routier…

Les dépenses imprévues : ce sont celles liées à un évènement exceptionnel comme la gestion d'une crise liée à une occupation de terrains, à des manifestations ou des événements naturels (inondation, avalanche, raz-de-marée…).

Les dépenses interdites : il s'agit de dépenses qui ne doivent pas figurer dans un budget. Elles sont en lien avec un domaine de compétence qui ne relève pas des collectivités territoriales (il peut s'agir de dépenses en lien avec le domaine de compétence transféré à un EPCI, par une commune). Elles sont aussi liées aux interdictions légales comme le subventionnement de lieux de cultes. On y trouve également des dépenses qui ne sont pas en relation avec l'intérêt public local (comme un intérêt privé, par exemple la construction, rénovation ou entretien d'un hôtel, un magasin…).

43. Quels sont les acteurs concernés par les finances et le budget des collectivités territoriales ?

Le premier acteur concerné par les finances et le budget des collectivités territoriales est la collectivité elle-même. C'est cette dernière qui œuvre à établir un projet de budget, par l'intermédiaire de ses agents publics. C'est ainsi que, pour une commune, on trouvera très souvent un quatuor, composé du maire, de son adjoint en charge des finances, du directeur général des services et du directeur des finances. Ensemble, ils vont œuvrer, bien avant la discussion sur l'orientation budgétaire, à établir un projet complet de budget.
Les collectivités territoriales sont placées sous le contrôle exclusif du préfet pour l'ensemble de leurs actes. Lorsqu'il s'agit de questions budgétaires, ce dernier peut faire intervenir la chambre régionale des comptes afin qu'elle procède à une expertise, voire à une mise en demeure si besoin (cf. Question précédente).
Le juge administratif peut également être saisi par le préfet, dans le cadre du déféré préfectoral (cf. chapitre 8 : « Préfet, préfectures et collectivités territoriales »).
À ces acteurs « institutionnels », on peut ajouter le contribuable, qui a également un rôle important dans la mesure où il a qualité pour agir et contester les actes budgétaires des collectivités territoriales (par la voie du recours gracieux et du recours contentieux), directement ou en saisissant le préfet afin que ce dernier mette en œuvre un déféré préfectoral.

44. Comment lit-on le budget et les autres documents budgétaires d'une collectivité territoriale ?

Dans chacun des documents budgétaires, on relève les points suivants qui permettent de bien les comprendre.

Le budget primitif : il indique les prévisions de dépenses et de recettes pour une année. Il est obligatoire. C'est un acte prévisionnel régi par un certain nombre de règles inspirées des finances publiques de l'État. À ce titre, il se décompose en deux sections :

- le fonctionnement qui correspond aux dépenses et recettes de fonctionnement de l'entité publique (les dépenses : les frais de personnel, achat de fourniture, travaux, dépenses courantes, entretien et subventions versées à divers organismes. Les recettes : les éventuels impôts ou droits perçus, la dotation globale de fonctionnement, les ressources propres, les redevances des usagers, etc.) ;

- l'investissement qui correspond à des dépenses en vue d'acquérir des biens durables (c'est une circulaire qui en définit la liste : il s'agit des dépenses correspondant aux financements des travaux, voirie, équipement en matériel et mobilier, remboursement de crédits, etc., tandis que les recettes proviennent de subventions, de recettes de taxes diverses, de ressources propres, de fléchages budgétaires).

Les décisions modificatives (ou budget rectificatif) : le budget primitif étant un document établi *a priori*, celui-ci peut être modifié en cours d'année, notamment pour reprendre les résultats budgétaires de l'exercice précédent, mais aussi réajuster l'évolution de la dépense publique et des recettes escomptées. C'est l'objet des décisions modificatives. Leur nombre n'est pas limité et relève de la liberté de l'administration. Comme le budget primitif, et au regard du parallélisme des formes, l'organe délibérant est seul habilité à les prendre (bien qu'une délégation de pouvoir puisse être établie au profit de l'organe exécutif), puisqu'elles impactent le budget primitif.

Les budgets annexes : ils constituent des exceptions au principe de non-affectation des recettes aux dépenses. Ils retracent ainsi certaines recettes et certaines dépenses du budget et sont rassemblés dans le budget de l'établissement. On en trouve tant au niveau du budget de l'État que dans les collectivités territoriales et les établissements publics (il s'agit par exemple des CCAS ou des caisses des écoles pour les communes ou certains EPCI). Le budget annexe dispose de sa propre comptabilité et donne lieu au calcul d'un résultat propre. Chaque budget annexe est assimilé à une mission définie et fait l'objet d'un vote (une fondation par exemple, ou bien un établissement ne disposant pas de la personnalité juridique, comme une régie intéressée).

Le compte administratif est établi par l'ordonnateur qui rend compte annuellement des opérations budgétaires qu'il a exécutées. À la clôture de l'exercice budgétaire, l'ordonnateur établit ce document qui a pour objet de rapprocher les prévisions ou autorisations inscrites au budget (au niveau du chapitre ou de l'article selon les dispositions arrêtées lors du vote du budget primitif) des réalisations effectives en dépenses (mandats) et en recettes (titres). Par là même, il expose les résultats comptables qu'il présente à l'assemblée délibérante, avant le 30 juin de chaque année. Le compte administratif et la délibération relative doivent être signés par le président de la séance et non l'ordonnateur (qui doit se retirer lors du débat devant son assemblée délibérante).

Le compte de gestion est, lui, établi et présenté par le comptable avant le 1er juin de l'exercice suivant celui auquel il se rapporte. Il est obligatoirement voté avant le compte administratif. Ce document retrace les opérations budgétaires en dépenses et en recettes, selon une présentation analogue à celle du compte administratif. Il peut également être présenté à l'assemblée délibérante qui constate sa stricte concordance avec le compte administratif. C'est à partir de celui-ci que le juge des comptes vérifie la bonne gestion opérée par le comptable public. Il peut alors engager sa responsabilité personnelle et pécuniaire si ce compte de gestion contient des erreurs.

45. Que se passe-t-il si le budget d'une collectivité territoriale est voté en déséquilibre ?

Certaines collectivités territoriales éprouvent de grandes difficultés à voter leur budget en équilibre. Les dépenses, le plus souvent, atteignent des seuils que les recettes ne peuvent complètement couvrir et le recours à l'emprunt n'est pas toujours aisé.

> **UN EXEMPLE À RETENIR**
>
> C'est ainsi que le département de la Seine-Saint-Denis, pour alerter tant l'opinion publique que le gouvernement, avait adopté, en 2010, un budget en déséquilibre, indiquant que les dépenses liées au RSA étaient sans commune mesure avec leurs recettes (dans un département très peuplé et globalement moins bien doté que d'autres départements).

La question de la procédure mise en œuvre par le préfet est alors cruciale. Celui-ci saisit dans les trente jours la chambre régionale des comptes compétente territorialement, à l'appui de la délibération présentant le budget en déséquilibre. Il informe également la collectivité territoriale visée de cette saisine.

Les services fiscaux peuvent, à ce moment-là, intervenir sur l'émission des rôles généraux des impositions directes. En effet, la chambre régionale des comptes peut proposer, pour rétablir l'équilibre du budget, une augmentation de la fiscalité locale (principalement la taxe foncière). Elle peut également proposer des solutions pour retrouver un équilibre budgétaire. Ces propositions sont adressées, concomitamment au préfet et à la collectivité territoriale, sous trente jours.

La commune dispose alors d'un mois pour délibérer de nouveau, mais en équilibre. La chambre régionale des comptes examine aussitôt ce nouveau budget sous quinzaine. Si celui-ci ne répond pas aux règles budgétaires ni aux exigences de la chambre régionale des comptes, c'est le préfet qui reprend la main sur le budget et l'adopte par arrêté préfectoral à partir des propositions de la chambre régionale des comptes. Le préfet peut d'ailleurs ne pas suivre l'avis rendu par la chambre régionale des comptes, sous réserve de motiver ce refus.

Il convient d'ajouter qu'une telle procédure est également prévue concernant l'adoption du compte administratif. Une spécificité vient s'ajouter, c'est celle de l'insincérité du budget. Dans ce cas-là, si le seuil du déséquilibre atteint 5 ou 10 % du budget, le préfet saisit la chambre régionale des comptes. Dans le cas contraire, le préfet peut parfaitement déférer le budget à la juridiction administrative.

En cas de saisine de la chambre régionale des comptes sur le compte administratif, cette dernière proposera à la collectivité, dans un délai d'un mois, « *les mesures nécessaires au rétablissement de l'équilibre qui peuvent intervenir soit dans le cadre du budget supplémentaire soit plus vraisemblablement dans le cadre du budget primitif de l'exercice suivant* ». Sur ce point, il convient de préciser que « *les propositions ne portent jamais sur la réformation du compte administratif lui-même, mais sur l'équilibre du budget en cours ou du budget suivant, qui doit nécessairement en reprendre les résultats* ».

Une des conséquences d'une telle procédure est que le budget primitif suivant est obligatoirement transmis à la chambre régionale des comptes, entraînant de fait un examen scrupuleux des dépenses et des recettes.

46. Que se passe-t-il si le budget n'est pas voté ou si ses documents ne sont pas transmis aux autorités de contrôle ?

Ce sont les articles L. 1612-2 et L. 1612-8 du CGCT qui règlent respectivement la question de l'absence de vote et le défaut de transmission du budget primitif aux autorités de contrôle, en l'occurrence le préfet. Dans ces deux cas, le préfet saisit immédiatement la chambre régionale des comptes, à l'appui de tous les éléments à même de justifier cette saisine, tout en informant la collectivité visée.

La chambre régionale des comptes formule alors des propositions sous un mois. Le préfet adopte ensuite le budget primitif, par arrêté, sous vingt jours. Le même préfet peut parfaitement refuser de suivre l'avis rendu par la chambre régionale des comptes, cependant, il doit motiver de manière explicite ce refus. Dans le cadre d'une telle procédure initiée par le préfet, la collectivité territoriale n'a plus la possibilité de délibérer sur le budget. Elle peut cependant continuer de fonctionner. Le maire ou le président de la collectivité, conformément aux dispositions prévues par le CGCT et précisées par le gouvernement, peut :

- engager, liquider et mandater les dépenses de fonctionnement dans la limite de celles inscrites au budget de l'exercice précédent ;
- liquider et mandater les dépenses à caractère pluriannuel incluses dans une autorisation d'engagement sur des exercices antérieurs dans la limite des crédits de paiement prévus au titre de l'exercice par la délibération d'ouverture d'autorisation d'engagement ;
- mandater les dépenses afférentes au remboursement en capital des annuités de la dette venant à échéance avant le vote du budget ;
- mettre en recouvrement les recettes de fonctionnement.

47. Comment sont contrôlés les comptes des collectivités territoriales ?

Comme exposé précédemment, les comptes des collectivités territoriales sont contrôlés sur pièces, c'est-à-dire que le préfet, dans le cadre de son contrôle de légalité des actes des collectivités territoriales, va examiner les délibérations qui lui sont obligatoirement transmises.

De cet examen, il peut tirer des premières conclusions quant à l'illégalité des documents budgétaires. Il peut alors saisir le juge administratif ou la chambre régionale des comptes, afin que ces derniers annulent ou commentent la délibération ou le budget.

48. Quelle est la différence entre un impôt, une taxe et une redevance ?

L'impôt est obligatoire et créé par le Parlement. Il est versé par les contribuables au profit de l'État ou des collectivités territoriales afin que celles-ci disposent de ressources financières et puissent dépenser. Il est sans contrepartie. Il s'agit d'impôts directs – sur le revenu, les sociétés, le bâti et le non-bâti – et indirects (TVA, CRDS...).

Une taxe a pour objet le règlement de l'existence d'une prestation de service public déterminée. Elle est donc étroitement en lien avec le « fonctionnement du service public ». Elle est due par tous les bénéficiaires potentiels de ce service public, sans distinction, et est indépendante du coût du service public lui-même, car c'est la contrepartie d'un service proposé et non rendu. Les recettes perçues sont quant à elles fléchées vers un poste de dépense particulier, à la différence de l'impôt. On y trouve la taxe d'enlèvement des ordures ménagères (TEOM), la taxe intérieure de consommation sur les produits énergétiques (TICPE, anciennement taxe intérieure sur les produits pétroliers), la taxe d'apprentissage...

Une redevance est la contrepartie proportionnelle due par un usager à une prestation de service public, ou à l'utilisation d'un ouvrage public. Elle ressort du domaine réglementaire, ce qui signifie qu'elle est établie par l'administration elle-même (mais ses tarifs sont votés par l'assemblée délibérante). Il s'agit par exemple des redevances d'occupation domaniale (place dans les marchés communaux, etc.).

49. Quels taxes et impôts sont créés par les collectivités territoriales ?

Seul le Parlement peut, en vertu de l'article 34 de la Constitution, fixer les règles concernant « *l'assiette, le taux et les modalités de recouvrement des impositions de toutes natures* ». Dès lors, les collectivités territoriales « *ne peuvent pas supprimer l'une des quatre taxes principales, ni en créer d'autres, ou décider de règles d'assiette en dehors du cadre légal national* ». Parmi ces taxes et impôts, on relève les deux catégories suivantes.

La fiscalité directe, constituée des taxes suivantes :
- CFE – cotisation foncière des entreprises ;
- CVAE – cotisation sur la valeur ajoutée des entreprises ;
- IFER – imposition forfaitaire en réseau ;
- TH – taxe d'habitation ;
- TF – taxes foncières ;
- imposition forfaitaire sur les pylônes ;
- redevance des mines ;
- taxe de balayage ;
- TEOM – taxe d'enlèvement des ordures ménagères ;
- taxe forfaitaire sur la cession à titre onéreux de terrains nus ;
- taxe sur les friches commerciales ;

- GEMAPI – taxe gestion des milieux aquatiques et de prévention des inondations ;
- taxe sur les surfaces commerciales.

La fiscalité indirecte, qui comprend :
- droits de mutation ;
- taxe d'aménagement ;
- taxe locale sur la publicité extérieure ;
- taxe sur les conventions d'assurance ;
- taxe sur la consommation finale d'électricité ;
- taxe de séjour ;
- versement pour sous-densité ;
- versement transport.

Ce qui n'empêche pas ces collectivités de disposer d'importants pouvoirs, selon le gouvernement, comme celui de « *fixer le niveau du produit global attendu de leur fiscalité directe* ». Elles peuvent, dans une certaine mesure, « *moduler la répartition des impositions entre les taxes, ainsi qu'entre les contribuables passibles d'une même taxe* ».
Par la suite, c'est l'État qui procédera aux versements mensuels des avances de trésorerie qu'il perçoit lui-même pour le compte des collectivités territoriales, avant de leur reverser.

50. Qu'est-ce que la réforme de la taxe d'habitation ?

Le 21 octobre 2017, suite à la promesse de campagne du candidat Macron, le Parlement a voté la suppression de la taxe d'habitation pour 80 % des ménages français d'ici 2020, puis sa suppression définitive pour 2022. Cela est visé par l'article 1414 C du code général des impôts.
Cependant, cette suppression ne concerne pas la contribution à l'audiovisuel public (appelée couramment « redevance audiovisuelle »), qui continuera d'être due. Cette réforme a débuté par une première baisse et concernait 30 % des ménages en 2018, puis 65 % en 2019. Pour les 20 % de ménages restants, l'allègement est de 30 % en 2021 puis de 65 % en 2022. Pour l'année 2023, le gouvernement indique que « *plus aucun foyer ne paiera de taxe d'habitation sur sa résidence principale* ». Les résidences secondaires demeurent assujetties. D'un coût non négligeable (près de 10 milliards d'euros en 2020), elle est compensée pour partie par l'État au profit des collectivités territoriales. Celles-ci voyaient jusqu'au tiers de leurs ressources provenir directement de cette taxe. L'objectif est double pour le gouvernement : rendre du pouvoir d'achat aux Français et modifier le régime de recettes des collectivités territoriales.
En juin 2019, dans le cadre de son discours de politique générale, le Premier ministre Édouard Philippe avait pu préciser que « *la proposition du gouvernement aux élus locaux est de donner l'intégralité de la taxe foncière au bloc communal* ». Selon le ministre chargé du Budget de l'époque, Gérald Darmanin, une commune ayant « *une recette de 60 de taxe foncière et 100 de taxe d'habitation bénéficierait de 160 de taxe foncière ;*

sur 36 000 communes, 24 000 toucheront plus de taxes foncières que de taxe d'habitation avant la réforme. Il y a quelques centaines de communes qui ne verront pas de différence ; pour les 10 000 communes pour qui cette nouvelle ressource sera inférieure, le gouvernement promet alors de neutraliser les cas de sous-compensation en attribuant 1 milliard de recettes supplémentaires de l'État aux collectivités. Quant aux 10 000 communes rurales parmi les 24 000 qui seront légèrement surcompensées, le surplus de taxe foncière leur sera laissé s'il n'excède pas 15 000 euros ». Toujours selon le ministre du Budget de l'époque, les départements devraient percevoir une partie de la TVA.

7 Marchés publics et collectivités territoriales

1. Questions

51. Qu'est-ce qu'un marché public ?
52. Qu'est-ce qu'une concession ?
53. Qu'est-ce qu'une CAO ?
54. Quelles sont les infractions pénales liées aux marchés publics ?
55. Quels sont les textes actuellement applicables aux marchés publics ?
56. Les collectivités territoriales sont-elles soumises aux marchés publics ?
57. Qu'apporte le nouveau code de la commande publique aux collectivités territoriales ?

2. Réponses

51. Qu'est-ce qu'un marché public ?

Toute dépense publique liée à un achat est soumise à la réglementation des marchés publics. Cette simple précision entraîne l'obligation pour toute administration, et *a fortiori* les collectivités territoriales, de se soumettre au droit des marchés publics.

La définition donnée à un marché public est celle fournie par le code de la commande publique qui précise à son article L. 1111-1 : « *Un marché est un contrat conclu par un ou plusieurs acheteurs soumis au présent code avec un ou plusieurs opérateurs économiques, pour répondre à leurs besoins en matière de travaux, de fournitures ou de services, en contrepartie d'un prix ou de tout équivalent.* »

Il s'agit donc d'un contrat, et plus précisément d'un contrat administratif. L'objet d'un tel contrat est onéreux. Il est par ailleurs conclu entre une personne publique et une personne physique ou morale, publique ou privée.

52. Qu'est-ce qu'une concession ?

Quand l'administration ne peut gérer directement ses missions, mais qu'elle souhaite avoir un regard et un contrôle très précis de son action, elle peut déléguer, c'est-à-dire concéder, une partie de ses activités (gestion d'une piscine, d'un port, d'un palais des congrès, d'un théâtre...) à un tiers. Il s'agit de la délégation de service public (DSP) à présent dénommée concession de service.

C'est une ordonnance de 2016, qui a transposé une directive européenne de 2014, qui encadre à présent cette matière. Versé dans le code de la commande publique applicable depuis le 1er avril 2019, c'est l'article L. 1121-1 qui s'applique à présent et qui dispose : « *Un contrat de concession est un contrat par lequel une ou plusieurs autorités concédantes soumises au présent code confient l'exécution de travaux ou la gestion d'un service à un ou plusieurs opérateurs économiques, à qui est transféré un risque lié à l'exploitation de l'ouvrage ou du service, en contrepartie soit du droit d'exploiter l'ouvrage ou le service qui fait l'objet du contrat, soit de ce droit assorti d'un prix.*
La part de risque transférée au concessionnaire implique une réelle exposition aux aléas du marché, de sorte que toute perte potentielle supportée par le concessionnaire ne doit pas être purement théorique ou négligeable. Le concessionnaire assume le risque d'exploitation lorsque, dans des conditions d'exploitation normales, il n'est pas assuré d'amortir les investissements ou les coûts, liés à l'exploitation de l'ouvrage ou du service, qu'il a supportés. »

Pour les seules collectivités territoriales, c'est le code général des collectivités territoriales qui renvoie, *via* son article L. 1411-1, au nouveau code de la commande publique : « *Les collectivités territoriales, leurs groupements ou leurs établissements publics peuvent confier la gestion d'un service public dont elles ont la responsabilité à un ou plusieurs opérateurs économiques par une convention de délégation de service public définie à l'article L. 1121-3 du code de la commande publique préparée, passée et exécutée conformément à la troisième partie de ce code.* »
Par voie de conséquence, la notion de délégation de service public n'est maintenue que pour les collectivités territoriales, leurs groupements et leurs établissements publics. Les autres personnes publiques (comme l'État et ses établissements publics) sont soumises au seul code de la commande publique et donc ne mettent en œuvre que des concessions, non des DSP.
Ce mécanisme est assez proche du marché public, à la différence près que l'administration n'achète pas de prestation, mais qu'elle oblige son cocontractant à gérer le service public concédé (elle passe un « contrat de droit administratif ») en contrepartie de quoi ce dernier peut se payer pour partie avec ce que l'administration lui verse et pour partie plus substantielle auprès des usagers, *via* les redevances que ces derniers lui versent. Ce mécanisme diffère donc totalement du marché public bien que le marché public soit lui aussi un « contrat de droit administratif ».

La gestion déléguée met en œuvre deux acteurs :
- **l'autorité délégante ou concédante**, c'est-à-dire l'administration (État, collectivité territoriale, établissement public administratif) ;
- **l'autorité délégataire ou concessionnaire**, c'est-à-dire le cocontractant (personne morale de droit privé, société, association, qu'on peut appeler fermier ou régisseur, selon le type de concession).

Les règles en la matière sont les suivantes :
- il s'agit d'un contrat administratif et non d'un acte administratif. Les parties s'obligent donc à des obligations réciproques qu'elles ont acceptées ;
- la délégation est passée par une personne morale de droit public ;
- l'objet du contrat est de gérer un service public où l'autorité délégataire doit assurer les risques de gestion ;
- peu importe le service public (SPA ou SPIC) pour autant qu'il est légal et pas « régalien » ;
- le délégataire est principalement réglé par les droits des usagers et supporte les risques d'exploitation.

On relève principalement trois sortes de concessions :
- **la concession de travaux publics** : outre les caractéristiques ci-avant exposées, le concessionnaire a également pour mission de construire l'ouvrage (ou les biens nécessaires à ses missions). À la fin du contrat, tout revient, de droit et sans contrepartie financière, au délégant (l'administration). En revanche, parce que le contrat doit être financièrement équilibré, l'administration doit indemniser le concessionnaire (délégataire) de tous les frais qui lui auront été imposés « *au nom de la continuité du service public* ». La durée du contrat est en principe égale à la durée de l'amortissement des ouvrages construits ou des biens acquis. Le délégant dispose de prérogatives en matière de rupture de contrat, ce qui lui permet de résilier celui-ci, sans qu'une faute n'ait été commise par le délégataire. Il reviendra cependant au délégant de permettre au délégataire d'équilibrer financièrement son contrat en lui versant le reliquat des sommes dues ;
- **l'affermage** : c'est un système presque identique à la concession, à la différence près que le « fermier » verse une « surtaxe » au délégant. Ce dernier doit cependant lui confier des installations lui permettant de jouir correctement de son activité ;
- **la régie intéressée** : c'est un système plus simple qui permet à l'autorité délégante de confier à une autorité délégataire, appelée ici « régisseur », un service public, en échange d'une rémunération, qui est fixe et peut avoir une part variable (intéressement sur les résultats, par exemple), sans que les risques ne soient à la charge du régisseur.

S'agissant des procédures à mettre en œuvre pour instituer une concession de service public, elles relèvent de la législation précédemment exposée.

Bien que l'administration soit relativement libre concernant le choix du cocontractant, celui-ci n'intervient qu'à l'issue d'une procédure de mise en concurrence, assez proche de celle concernant les marchés publics.

De même, la passation est encadrée et reste toujours une attribution de l'organe délibérant de l'établissement (conseil municipal, départemental ou régional, conseil d'administration) avec parfois un passage obligatoire devant la commission d'appel d'offres (CAO, cf. Question suivante).
Enfin, les lois du service public (dites lois Rolland, à savoir continuité, mutabilité et égalité) s'imposent aussi à la délégation de service public et reposent sur les épaules du délégataire.

53. Qu'est-ce qu'une CAO ?

Une commission d'appel d'offres (CAO) est un organe en charge d'examiner les candidatures et les offres et d'attribuer un marché public.
Définie par le code général des collectivités territoriales (CGCT) à l'article L. 1414-2, la CAO peut être écartée « *en cas d'urgence impérieuse* », puisque le même article précise que « *le marché public peut être attribué sans réunion préalable de la commission d'appel d'offres* ».
La même commission dispose également du pouvoir de déclarer une procédure infructueuse.
Seul le CGCT précise son organisation et sa composition. La CAO est composée de membres à voix délibérative issus de l'assemblée délibérante et, le cas échéant, de membres à voix consultative autorisés à participer à ses travaux. Selon les dispositions de l'article L. 1411-5 du CGCT :

- lorsqu'il s'agit d'une région, de la collectivité territoriale de Corse, d'un département, d'une commune de 3 500 habitants et plus et d'un établissement public, elle comprend cinq membres de l'assemblée délibérante élus en son sein à la représentation proportionnelle au plus fort reste ;
- lorsqu'il s'agit d'une commune de moins de 3 500 habitants, elle comprend le maire ou son représentant, président, et trois membres du conseil municipal élus par le conseil à la représentation proportionnelle au plus fort reste.

Il est à noter que le CGCT permet de constituer une liste unique si les membres de l'organe délibérant sont d'accorc (cela résultera d'un accord politique pour intégrer l'opposition).

54. Quelles sont les infractions pénales liées aux marchés publics ?

Le risque pénal est réel en matière de marchés publics, cependant le nombre de condamnations est très faible. Selon les chiffres du baromètre 2019 de l'observatoire SMACL des risques de la vie territoriale, depuis 2014, 1 630 élus ont fait l'objet de poursuites judiciaires, contre 800 fonctionnaires. Ce chiffre signifie que 272 élus sont soumis, chaque année, à l'autorité pénale, soit un élu par jour ouvré. En pourcentage, cependant, cela est très faible : seuls 0,2 % des élus sont concernés (cf. Question 174).
Les infractions pénales sont de cinq ordres :

- **le délit de la prise illégale d'intérêts** (article 432-12 du code pénal) : « *Le fait, par une personne dépositaire de l'autorité publique ou chargée d'une mission de service public ou* *par une personne investie d'un mandat électif public, de prendre, recevoir ou conserver, directement ou indirectement, un intérêt quelconque dans une entreprise ou dans une opération dont elle a, au moment de l'acte, en tout ou partie, la charge d'assurer la surveillance, l'administration, la liquidation ou le paiement est puni de cinq ans d'emprisonnement et d'une amende de 500 000 euros, dont le montant peut être porté au double du produit tiré de l'infraction* » ;

- le délit de favoritisme et les atteintes à la liberté d'accès et à l'égalité des candidats dans les marchés publics et les contrats de concession (article 432-14 du code pénal) : « *Est puni de deux ans d'emprisonnement et d'une amende de 200 000 euros, dont le montant peut être porté au double du produit tiré de l'infraction, le fait par une personne dépositaire de l'autorité publique ou chargée d'une mission de service public ou investie d'un mandat électif public ou exerçant les fonctions de représentant, administrateur ou agent de l'État, des collectivités territoriales, des établissements publics, des sociétés d'économie mixte d'intérêt national chargées d'une mission de service public et des sociétés d'économie mixte locales ou par toute personne agissant pour le compte de l'une de celles susmentionnées de procurer ou de tenter de procurer à autrui un avantage injustifié par un acte contraire aux dispositions législatives ou réglementaires ayant pour objet de garantir la liberté d'accès et l'égalité des candidats dans les marchés publics et les contrats de concession* » ;
- le délit de corruption passive et trafic d'influence commis par des personnes exerçant une fonction publique (article 432-11 du code pénal) : « *Est puni de dix ans d'emprisonnement et d'une amende de 1 000 000 d'euros, dont le montant peut être porté au double du produit tiré de l'infraction, le fait, par une personne dépositaire de l'autorité publique, chargée d'une mission de service public, ou investie d'un mandat électif public, de solliciter ou d'agréer, sans droit, à tout moment, directement ou indirectement, des offres, des promesses, des dons, des présents ou des avantages quelconques pour elle-même ou pour autrui : 1° Soit pour accomplir ou avoir accompli, pour s'abstenir ou s'être abstenue d'accomplir un acte de sa fonction, de sa mission ou de son mandat ou facilité par sa fonction, sa mission ou son mandat ; 2° Soit pour abuser ou avoir abusé de son influence réelle ou supposée en vue de faire obtenir d'une autorité ou d'une administration publique des distinctions, des emplois, des marchés ou toute autre décision favorable* » ;
- le délit de concussion (article 432-10 du code pénal) : « *Le fait, par une personne dépositaire de l'autorité publique ou chargée d'une mission de service public, de recevoir, exiger ou ordonner de percevoir à titre de droits ou contributions, impôts ou taxes publics, une somme qu'elle sait ne pas être due, ou excéder ce qui est dû, est puni de cinq ans d'emprisonnement et d'une amende de 500 000 euros, dont le montant peut être porté au double du produit tiré de l'infraction. Est puni des mêmes peines le fait, par les mêmes personnes, d'accorder sous une forme quelconque et pour quelque motif que ce soit une exonération ou franchise des droits, contributions, impôts ou taxes publics en violation des textes légaux ou réglementaires. La tentative des délits prévus au présent article est punie des mêmes peines* ».

55. Quels sont les textes actuellement applicables aux marchés publics ?

La base légale applicable aux marchés publics est hétérogène et en mouvement. Mise en place, d'une part, à la suite de différentes affaires liées à de l'achat public, et d'autre part, sous l'impulsion directe de l'Union européenne, cette réglementation a fait l'objet de deux codes successifs (2004 et 2006) avant d'être abrogée en avril 2016 et de reposer sur plusieurs sources :

- une source de droit positif « classique », le code de la commande publique, depuis le 5 décembre 2018 (code applicable au 1er avril 2019). À ce dernier s'ajoutent des textes épars (CCAG, CCTG...) ;
- une source jurisprudentielle française et européenne, significative. Les juges français et européens y jouent un très grand rôle ;
- des guides de la commande publique et des circulaires, en grande partie établis par la direction des affaires juridiques (DAJ) du ministère des Finances, qui, s'ils n'ont pas de valeur juridique, aident les acheteurs publics dans leur activité, en particulier les collectivités territoriales.

56. Les collectivités territoriales sont-elles soumises aux marchés publics ?

Les collectivités territoriales sont soumises aux dispositions applicables aux marchés publics parce qu'elles sont des pouvoirs adjudicateurs (elles peuvent acheter) et des opérateurs économiques (elles peuvent vendre, ou plus souvent réaliser des prestations de service). Elles ont une obligation de publicité et doivent respecter les seuils fixés par le code de la commande publique. Ces seuils sont les suivants.

Seuils de publicité des marchés des collectivités territoriales, de leurs établissements et de leurs groupements ainsi que des autres acheteurs (sauf l'État) – Montants hors taxe depuis le 1er janvier 2022

	Publicité non obligatoire	Publicité libre ou adaptée	Publicité au BOAMP ou dans un JAL	Publicité au BOAMP et au JOUE
Fournitures et services	En dessous de 40 000 euros	40 000 euros et jusqu'à 89 999,99 euros	90 000 euros à 214 999,99 euros	À partir de 215 000 euros
Travaux	En dessous de 40 000 euros	De 40 000 euros et jusqu'à 89 999,99 euros	De 90 000 euros à 5 381 999,99 euros	À partir de 5 382 000 euros
	Publicité non obligatoire	Publicité libre ou adaptée		Publicité au JOUE
Services sociaux et spécifiques	En dessous de 40 000 euros	De 40 000 euros à 749 999,99 euros		À partir de 750 000 euros

Ces seuils évoluent toutes les années paires (2022, 2024…).

Par ailleurs, des seuils temporaires ont été mis en œuvre dans le cadre du plan de relance du gouvernement, par décret du 22 juillet 2020. Ils ont été modifiés pour partie, ponctuellement, le temps de la crise sanitaire. Il en est ainsi pour les marchés de travaux dont la valeur estimée est inférieure à 100 000 euros hors taxes, ceci jusqu'au 31 décembre 2023 inclus.

57. Qu'apporte le nouveau code de la commande publique aux collectivités territoriales ?

Le nouveau code la commande publique, entré en vigueur le 1er avril 2019, innove sur plusieurs points.

Il assure la sécurité juridique de tous les contrats liés à la commande publique (marchés publics, concessions, partenariats…). Composé de 1 747 articles, il est décliné comme suit :

- 1re partie : définitions et champ d'application des contrats liés à la commande publique ;
- 2e partie : les marchés publics, les marchés de partenariat, les marchés de défense et de sécurité et enfin des dispositions propres aux marchés liés à la maîtrise d'ouvrage et à la maîtrise d'œuvre privée ;
- 3e partie : les concessions.

Le code offre aux différents acteurs des clés pour préparer un marché public, en trois étapes :

- la définition du besoin (art. L. 2111-1 et suivants) ;
- le contenu du marché (art. L. 2112-1 et suivants) ;
- l'organisation de l'achat (art. L. 2113-1 et suivants).

Il permet aux collectivités territoriales d'aborder tout le champ de la commande publique avec une grande souplesse et une base légale à présent plus claire et sécurisée juridiquement.

À celui-ci, s'ajoutent les nouveaux CCAG (cahiers des clauses administratives générales), entrés en vigueur au 1er avril 2021.

Il y a, à présent, six CCAG (les cinq qui existaient jusqu'alors ont été toilettés et un sixième cahier a été créé : il est dédié à la maîtrise d'œuvre) qui ont intégré les nouvelles règles européennes et la jurisprudence administrative (par exemple, la notion de différend, le contenu du mémoire en réclamation, les réserves, le DGD…).

8 Préfet, préfectures et collectivités territoriales

1. Questions

58. Comment devient-on préfet ?

59. Combien y a-t-il de préfets ?

60. Quelles sont les différentes catégories de préfet ?

61. Quel est le rôle et quels sont les pouvoirs du préfet ?

62. Le préfet peut-il attaquer les actes administratifs d'une collectivité territoriale ?

63. Comment s'effectue le contrôle du préfet sur les actes des collectivités territoriales ?

64. Le préfet est-il responsable vis-à-vis des collectivités territoriales ?

65. L'habitant d'une commune peut-il saisir le préfet ?

66. Qu'est-ce que le déféré préfectoral ?

2. Réponses

58. Comment devient-on préfet ?

C'est l'article 72 de la Constitution qui définit cet acteur important dans le paysage de la décentralisation : « *Dans les collectivités territoriales de la République, le représentant de l'État, représentant de chacun des membres du gouvernement, a la charge des intérêts nationaux, du contrôle administratif et du respect des lois.* »

Parce qu'il est le représentant de l'État sur les territoires, il est nommé par décret du président de la République, pris en Conseil des ministres, sur proposition du Premier ministre et du ministre de l'Intérieur. Généralement, les préfets sont issus de l'École nationale d'administration (ENA). Il arrive cependant que des préfets soient nommés en dehors de ce profil. Cela concerne environ le tiers des préfets : il peut s'agir d'officiers, de commissaires de police, de magistrats ou encore de directeurs de préfecture.

C'est un décret du 6 avril 2022 (n° 2022-491 du 6 avril 2022 relatif aux emplois de préfet et de sous-préfet) qui est venu modifier et réorganiser le cadre réglementaire applicable aux emplois de préfet et de sous-préfet en matière de nomination, de classement ou d'évaluation.
En premier lieu, ce décret a supprimé le corps préfectoral, pour autant, les préfets nommés antérieurement à l'entrée en vigueur du décret se sont vu proposer une intégration dans le corps des administrateurs de l'État.
Avec cette nouvelle réglementation, la durée maximale d'exercice continu des fonctions de préfet est portée à neuf ans.

59. Combien y a-t-il de préfets ?

Le nombre de préfets avoisine les 200 et celui des sous-préfets, 500. Selon le ministère de l'Intérieur, on relève 29 % de sous-préfètes au 31 décembre 2018 : « *Depuis l'entrée en vigueur du dispositif des nominations équilibrées, ces postes représentent la moitié des nominations et des primo-nominations intervenant chaque année. Pour 2018, ces nominations représentent ainsi 66 % des primo-nominations (86/131). La féminisation des emplois de préfet est moins importante (26 % au 31 décembre 2018), mais connaît une dynamique favorable (6 points de plus qu'en 2017).* »

60. Quelles sont les différentes catégories de préfet ?

Le décret du 6 avril 2022 relatif aux emplois de préfet et de sous-préfet est venu à présent répartir les emplois de préfet en quatre groupes :
- groupe I : préfet de police de Paris, préfet de la région d'Île-de-France, préfet de Paris ;
- groupe II : préfet de région ;
- groupe III : préfet de département, préfet de région outre-mer, haut-commissaire de la République (Nouvelle-Calédonie et Polynésie française), préfet, administrateur supérieur (Wallis et Futuna et Terres australes et antarctiques françaises) ;
- groupe IV : autres emplois de préfet et de préfet délégué.

Quant aux sous-préfets, ils assistent les préfets dans l'accomplissement de leurs missions.

61. Quel est le rôle et quels sont les pouvoirs du préfet ?

Créés par Napoléon en 1800 afin de restaurer l'autorité de l'État sur le territoire, les pouvoirs des préfets ont été prééminents jusqu'en 1982, date à laquelle les grandes lois sur la décentralisation leur ont retiré une partie de leurs pouvoirs. Jusqu'alors, ils exerçaient les missions de chef de l'exécutif du département (à présent exercées par le président du conseil départemental) et procédaient à un contrôle *a priori* des actes des communes. La loi du 2 mars 1982 relative aux droits et libertés des communes, départements et des régions, la loi du 6 février 1992, ainsi que les décrets n° 2004-374 du 29 avril 2004 relatif aux pouvoirs des préfets, modifié par le décret n° 2010-146 du 16 février 2010 ont complètement transformé leurs missions.

Le préfet exerce principalement quatre missions. Il doit :

- **représenter** le gouvernement sur les territoires. À ce titre il contrôle les actes des collectivités territoriales et peut les déférer au juge administratif. Il bénéficie d'une délégation de pouvoir et de signature de plusieurs ministres. Il conduit ainsi les politiques nationales au niveau local et met en œuvre les priorités de politiques publiques en fonction des choix déterminés par le gouvernement qui conduit la politique de la nation ;
- **assurer** le maintien de l'ordre public, la sécurité des personnes et des biens et le bon exercice des droits et des libertés des citoyens ;
- **gérer** les différents organismes de secours et d'intervention du territoire sur lesquels il a autorité : police, gendarmerie, pompiers, Samu ;
- **être l'interlocuteur** des acteurs locaux : des élus mais aussi des parlementaires, des entreprises et des citoyens.

62. Le préfet peut-il attaquer les actes administratifs d'une collectivité territoriale ?

Dans le cadre de ses pouvoirs de contrôle, le préfet a qualité pour soumettre aux juridictions administratives des actes des collectivités territoriales. Depuis la loi du 2 mars 1982, il ne peut que déférer les actes concernés au tribunal administratif, ce qui représente environ mille cinq cents déférés préfectoraux sur un total de plus de sept millions d'actes administratifs transmis par les collectivités territoriales, par an.

Ces 1 500 déférés sont ventilés comme suit : délibérations (40 %), décisions individuelles relatives au personnel (20 %), décisions individuelles en matière d'urbanisme (12 %) et autres actes (38 %). La procédure en question s'appelle le déféré préfectoral (cf. Question 66).

Le préfet fait partie de cette catégorie de justiciables qui disposent de la capacité à agir et sont recevables à contester tous les actes de toutes les collectivités territoriales de leur ressort (région s'il est préfet de région, département et communes comme EPCI s'il est préfet de département).

63. Comment s'effectue le contrôle du préfet sur les actes des collectivités territoriales ?

Le contrôle du préfet sur les actes des collectivités territoriales s'opère selon la distinction posée par le code de justice administrative : il peut s'agir d'un recours administratif hiérarchique quand le préfet est autorité hiérarchique du maire (en matière d'urbanisme et dans des cas très limités quand la commune n'est pas dotée de PLU), ou gracieux, ou d'un recours contentieux (donc devant le juge administratif).

Ce contrôle a lieu dans les deux mois de transmission des actes administratifs. Il se déroule soit au moment où les collectivités territoriales, dans le cadre de leurs obligations qui découlent du respect du CGCT, transmettent leurs actes, soit de manière opportune par le préfet, sur tout type d'acte.

Il s'agit d'un contrôle qui a trois particularités :

- il est *a posteriori*, c'est-à-dire qu'il est opéré après l'établissement des actes administratifs ;
- c'est un contrôle où seul le juge administratif a la capacité d'annuler les actes illégaux : le préfet ne peut pas, de son seul fait, annuler les actes administratifs des collectivités territoriales ;
- c'est un contrôle exercé sur la légalité d'un acte. Le préfet ne peut attaquer un acte administratif que pour un motif de légalité (et non pour un motif politique ou d'opportunité).

Le nombre d'actes étant de plus en plus important (plus de sept millions par an), le législateur, en 2004, a réduit la liste des actes transmissibles aux délibérations, actes réglementaires, actes en matière de police sauf ceux en matière de circulation et de stationnement, certains actes individuels en matière de fonction publique, urbanisme, etc.
Pour procéder à ce contrôle, le préfet dispose de services « spécialisés » qui procèdent à l'examen des actes, par thèmes (urbanisme, finances, ressources humaines...).

64. Le préfet est-il responsable vis-à-vis des collectivités territoriales ?

La responsabilité du préfet prend plusieurs formes. Elle résulte pour partie d'un décret de 2004 qui précise que « *le préfet de région dans la région, le préfet de département dans le département, est dépositaire de l'autorité de l'État. Ils ont la charge des intérêts nationaux et du respect des lois* ».
En temps de crise, tout d'abord, et conformément à la réglementation, notamment l'article L. 2215-1 du CGCT, le préfet dispose de pouvoirs étendus en matière de pouvoirs de police administrative générale, c'est-à-dire la gestion de crises affectant la sécurité des populations. C'est sur ce fondement, par exemple, qu'un préfet a été condamné, comme un maire, devant la cour administrative d'appel de Marseille, « *en raison d'une abstention fautive du maire de la commune et du préfet du Var à agir sur le fondement de leurs pouvoirs de police en matière de déchets, en vertu des articles L. 541-2 et L. 541-3 du code de l'environnement* ».
En matière budgétaire concernant les collectivités territoriales, il a quasiment l'obligation d'inscrire des dépenses obligatoires (cf. Questions 45 et suivantes). Sans quoi, là aussi, il engage la responsabilité de l'État.
En matière de contrôle des actes des collectivités territoriales, la responsabilité du préfet et donc de l'État peut être engagée, mais sous conditions. C'est ainsi qu'en 1997, le tribunal administratif de Bastia a condamné l'État du fait d'une absence de contrôle de légalité. Un préjudice en avait résulté au détriment d'un EPCI et l'État, *via* le préfet, a été condamné à réparer ce préjudice. Dans le même sens, en 2011, le Conseil d'État a confirmé que le préfet qui s'était abstenu de déférer au tribunal administratif, trois années durant, une délibération illégale était « *constitutive d'une faute lourde susceptible d'engager la responsabilité de l'État pour carence dans l'exercice du contrôle de légalité* ».
C'est donc sur le fondement d'une faute grave que la responsabilité du préfet vis-à-vis des collectivités territoriales est engagée.

65. L'habitant d'une commune peut-il saisir le préfet ?

Un particulier, contribuable d'une collectivité territoriale, peut parfaitement solliciter le préfet de son département afin que celui-ci défère un acte administratif qu'il estime illégal. Au-delà de ces actes administratifs, d'ailleurs, le préfet peut déférer un contrat administratif, ce qu'un particulier ne peut pas faire facilement.
Cette saisine du préfet doit cependant être effectuée suffisamment tôt pour permettre à cette autorité étatique de saisir le juge administratif dans le délai des deux mois. Il convient de noter que le refus du préfet de déférer un acte administratif est insusceptible de recours. Par contre, le préfet engage la responsabilité de l'État si l'acte que le préfet a refusé de déférer est « manifestement illégal » et entraîne des conséquences « dommageables » pour des contribuables ou des personnes morales (cf. Question précédente).

66. Qu'est-ce que le déféré préfectoral ?

C'est le CGCT, et plus particulièrement les articles L. 2131-6, L. 3132-1 et L. 4142-1, qui donne compétence au préfet pour déférer au tribunal administratif les actes des collectivités territoriales qu'il estime contraires à la légalité, dans les deux mois suivant leur transmission. Sur ce point, le gouvernement indique que le préfet « *peut également déférer un acte, non soumis à l'obligation de transmission, dans les deux mois suivant sa saisine par une personne physique ou morale lésée (art. L. 2131-8, 3132-3 et 4142-3 du code général des collectivités territoriales)* ».
Tout cela a été confirmé par le Conseil d'État, qui a pu préciser que « *le déféré préfectoral constitue une faculté et non une obligation (16 juin 1989 – préfet des Bouches-du-Rhône/ commune de Belcodène). Le Conseil d'État a également jugé que le refus du préfet de déférer, sur demande d'une personne lésée, un acte d'une collectivité territoriale est insusceptible de recours (Brasseur – 25 janvier 1991). Seule une faute lourde, caractérisée par une carence manifeste du contrôle de légalité, est de nature à engager la responsabilité de l'État (CE 6 octobre 2000 – ministre de l'Intérieur/commune de Saint-Florent)* ».
Le recours pour excès de pouvoir, procédure pour faire annuler un acte administratif, peut être assorti d'une demande de suspension, afin que l'acte attaqué ne s'applique pas, le temps que le juge « du fond » statue et annule définitivement et de manière rétroactive l'acte administratif. On évoque alors la notion de « référé sur déféré ».

PARTIE III

Les différentes collectivités territoriales et leurs établissements publics locaux

57 questions

1 Les EPCI

1. Questions

67. Qu'est-ce qu'un EPCI et comment est-il créé ?
68. Quels sont les différents types d'EPCI et comment sont-ils organisés ?
69. Quelles sont les caractéristiques des EPCI à fiscalité indirecte ?
70. Quelles sont les caractéristiques des EPCI à fiscalité directe ?
71. Qu'est-ce qu'une métropole et comment est-elle organisée ?
72. Les métropoles vont-elles remplacer les départements ?
73. Quelles sont les caractéristiques de la métropole du Grand Paris ?

2. Réponses

67. Qu'est-ce qu'un EPCI et comment est-il créé ?

Un EPCI est un établissement public de coopération intercommunale. Il s'agit de la « coopération » de plusieurs communes en vue de se regrouper pour exercer une ou plusieurs compétences en commun.

L'expression intercommunalité désigne donc les différentes formes de coopération existant entre les communes. C'est une loi du 22 mars 1890 qui a commencé par créer le premier modèle : le syndicat intercommunal à vocation unique (SIVU).

Par la suite, il faudra attendre les années 1960 puis les « actes » de la décentralisation pour donner à ce dispositif un renouveau aujourd'hui imposé à toutes les communes. C'est ainsi que, dès le milieu des années 1960, ont été créées les communautés urbaines, puis ce sont les lois du 6 février 1992 et du 12 juillet 1999 qui ont renforcé puis simplifié l'intercommunalité. Certaines dispositions de la loi du 13 août 2004 ont par ailleurs amélioré leur fonctionnement.

Enfin, la réforme territoriale du 16 décembre 2010 a permis de simplifier et d'achever la carte de l'intercommunalité, afin de lutter contre « l'émiettement communal » et la taille souvent modeste des communes françaises, en créant notamment les métropoles.

Le regroupement de communes au sein d'établissements publics de coopération intercommunale peut répondre à deux objectifs très différents :

- **la gestion commune** de certains services publics locaux ou la réalisation d'équipements locaux, de manière à mieux répartir les coûts et à profiter d'économies d'échelle. Dans ce cas, les communes recherchent une forme de coopération intercommunale relativement souple ou « associative » ;
- **la conduite collective** de projets de développement local. En faisant ce choix, les communes optent pour une forme de coopération plus intégrée ou « fédérative ».

La première forme de coopération correspond à une **intercommunalité de gestion**, tandis que la seconde, sensiblement développée en 1960 et dans les années 1990, est une **intercommunalité de projet**.

L'intercommunalité répond à plusieurs objectifs :
- organiser de manière rationnelle les territoires communaux ;
- lutter contre l'émiettement communal ;
- favoriser le développement économique local et la politique d'aménagement du territoire.

La coopération intercommunale « *se fonde sur la libre volonté des communes d'élaborer des projets communs de développement au sein de périmètres de solidarité* » (art. L. 5211-1 du code général des collectivités territoriales). C'est ainsi que les EPCI résultent tous d'une décision de l'État :
- **soit d'une loi** : par exemple, celle du 31 décembre 1966 créant quatre communautés urbaines ;
- **soit d'un arrêté préfectoral** fixant le périmètre de l'EPCI (cohérent, d'un seul tenant et sans enclave pour l'EPCI à fiscalité propre) et ses statuts (nom et siège, communes membres, représentation de celles-ci au sein de l'organe délibérant, compétences transférées, etc.). Dans les trois mois qui suivent l'arrêté préfectoral, l'accord des communes s'obtient à la majorité des deux tiers des conseils municipaux, représentant plus de la moitié de la population, ou de la moitié des conseils municipaux, représentant les deux tiers de la population, auquel s'ajoute l'accord obligatoire des communes comptant plus du quart de la population totale, pour les syndicats et les communautés de communes, ou de la commune la plus importante, dans le cas d'une communauté d'agglomération ou d'une communauté urbaine.

Les syndicats intercommunaux peuvent également être créés plus simplement si les conseils municipaux le votent conjointement : leur création peut immédiatement être autorisée par arrêté du préfet, sans arrêté de périmètre.

68. Quels sont les différents types d'EPCI et comment sont-ils organisés ?

Pour rationaliser l'intercommunalité, la loi de 2010 citée précédemment prévoit l'établissement dans chaque département d'un schéma départemental de coopération intercommunale (SDCI), au sein duquel on trouve, selon les dispositions prévues par l'article L. 5210-1-1 du code général des collectivités territoriales :

- **les syndicats de communes** (créés par la loi du 22 mars 1890) : SIVOM/SIVU (Syndicat intercommunal à vocation multiple/syndicat intercommunal à vocation unique) (cf. Question suivante) ;
- **les communautés de communes** (créées par la loi du 6 février 1992) : 15 000 habitants minimum, d'un seul tenant, autour d'un espace de solidarité, avec cinq compétences obligatoires (aménagement, développement économique, milieux aquatiques, aires d'accueil des gens du voyage et traitement des déchets) et trois parmi neuf compétences ;
- **les communautés urbaines** (créées par la loi du 31 décembre 1966) : 250 000 habitants, d'un seul tenant (elles précèdent les métropoles). Elles ont des compétences obligatoires (aménagement, habitat, politique de la ville, environnement, cadre de vie et services d'intérêt collectif) ;
- **les communautés d'agglomération** (créées par la loi du 12 juillet 1999) : 50 000 habitants autour d'une ou plusieurs communes de 15 000 habitants. Elles ont quatre compétences obligatoires (aménagement, développement économique, habitat, politique de la ville) et trois optionnelles (parmi voirie, assainissement, eau, cadre de vie, culture et sports, action sociale). D'autres compétences peuvent leur être transférées ;
- **les syndicats d'agglomération nouvelle** (créés par la loi du 13 juillet 1983) ;
- **les métropoles** (créées par la loi du 16 décembre 2010 et modifiées par la loi du 27 janvier 2014).

Les métropoles nécessitent un développement plus important : dernières nées des EPCI, elles interrogent nombre d'acteurs, et en premier lieu leurs usagers/contribuables. Leur échelle, tout d'abord, est significative : elles regroupent des ensembles urbains de très grande taille. Celle de Paris, qui se veut une concurrente des grandes métropoles mondiales, est hors proportion.

Ces établissements publics de coopération intercommunale à fiscalité propre regroupent « *plusieurs communes d'un seul tenant et sans enclave et qui s'associent au sein d'un espace de solidarité pour élaborer et conduire ensemble un projet d'aménagement et de développement économique, écologique, éducatif, culturel et social de leur territoire afin d'en améliorer la compétitivité et la cohésion* » (art. L. 5217-1 du code général des collectivités territoriales).

La métropole exerce de plein droit, dans le périmètre métropolitain, un certain nombre de compétences, en lieu et place :

- des communes : politique locale de l'habitat ; gestion des services d'intérêt collectif, comme l'eau et l'assainissement, les cimetières, les abattoirs, etc. ;
- du département : transports scolaires, voirie, etc. ;

Par ailleurs, par convention avec le département ou la région, la métropole peut recevoir des compétences en matière d'aide sociale, de gestion des collèges et des lycées ou de développement économique. L'État peut aussi lui attribuer la propriété et la gestion des grands équipements et infrastructures.

Sur le plan financier, les métropoles reposent sur le principe de l'unification de l'impôt foncier bâti et une dotation globale de fonctionnement qui sera globalisée, sous réserve que toutes les communes membres soient d'accord.
La première métropole créée en application de la loi du 16 décembre 2010 est la métropole Nice-Côte d'Azur (décret du 17 octobre 2011). Elle a tenu sa séance inaugurale en janvier 2012.

69. Quelles sont les caractéristiques des EPCI à fiscalité indirecte ?

Un EPCI à fiscalité indirecte, appelé aussi sans fiscalité propre, dispose d'une particularité qui le distingue des autres EPCI : ses recettes proviennent de la contribution des communes membres et non directement des contribuables.
Ils ont été inventés au XIXe siècle et il s'agit des deux catégories d'EPCI suivants :

- **SIVOM** : le syndicat intercommunal à vocation multiple a pour objet de traiter de plusieurs compétences entre au moins deux communes. Il peut s'agir de l'eau et de l'assainissement, de la gestion scolaire et du ramassage scolaire… ;
- **SIVU** : le syndicat intercommunal à vocation unique a, lui, pour objet de traiter d'une seule compétence entre au moins deux communes (eau, cimetières, entretien de cours d'eau, etc.).

70. Quelles sont les caractéristiques des EPCI à fiscalité directe ?

Un EPCI à fiscalité directe voit ses recettes provenir des impôts : taxe d'habitation jusqu'en 2023, foncière, contribution économique européenne. Il s'agit des communautés de communes, des communautés d'agglomérations, des communautés urbaines ou encore des métropoles. Ils disposent, par conséquent, d'importantes ressources leur permettant de mettre en œuvre les nombreuses compétences qui leur ont été dévolues par les communes membres.
Les dernières statistiques (mars 2022) en la matière font état de 1 254 EPCI à fiscalité directe :

- 21 métropoles ;
- 14 communautés urbaines ;
- 227 communautés d'agglomération ;
- 992 communautés de communes.

Seules 4 communes sur les 34 955 communes ne sont pas dans un EPCI en raison de leur caractère insulaire, et tel qu'il a été autorisé par le législateur.

71. Qu'est-ce qu'une métropole et comment est-elle organisée ?

Le statut de métropole a été créé par la loi du 16 décembre 2010 puis modifié par la loi MAPTAM du 27 janvier 2014, afin « *d'affirmer le rôle des grandes agglomérations comme moteurs de la croissance et de l'attractivité du territoire* ».

C'est l'article L. 5217-1 du CGCT qui dispose qu'une métropole est un établissement public de coopération intercommunale (EPCI) qui regroupe plusieurs communes « *d'un seul tenant et sans enclave* » qui s'associent au sein « *d'un espace de solidarité pour élaborer et conduire ensemble un projet d'aménagement et de développement économique, écologique, éducatif, culturel et social de leur territoire afin d'en améliorer la compétitivité et la cohésion* ».
Une métropole, selon le gouvernement, « *a pour objectif de valoriser les fonctions économiques métropolitaines et ses réseaux de transport et de développer les ressources universitaires, de recherche et d'innovation. Elle assure également la promotion internationale du territoire. Constitué sur la base du volontariat, le statut de métropole est accessible aux ensembles de plus de 400 000 habitants dans une aire urbaine de plus de 650 000 habitants* ».
Créée par décret, la métropole se substitue de droit aux EPCI existant et reprend les compétences qui leur étaient attribuées.
Le 6 juillet 2016, l'État a créé le pacte État-métropoles, qui a pour objet de définir « *une stratégie nationale de développement des métropoles fondée sur l'innovation. Il vise à construire les métropoles de demain [...] et à intensifier le contenu innovant des politiques conduites par les métropoles. Un choix entre trois thématiques a été proposé au plan national pour cette démarche de partenariat État-métropoles : transition énergétique et environnement, ville intelligente et mobilités, excellence économique et rayonnement international* ».
Les métropoles exercent un grand nombre de compétences au titre desquels on trouve le développement et l'aménagement économique, social et culturel, le schéma de cohérence territoriale et schéma de secteur, l'organisation des transports publics, la création, l'aménagement et l'entretien de voirie, la politique locale de l'habitat et de la ville, la gestion des services d'intérêt collectif (assainissement et eau, services d'incendie et de secours...), l'environnement et la politique du cadre de vie...
L'État mais aussi les collectivités territoriales peuvent, par convention, déléguer aux métropoles certaines de leurs compétences. De même, les métropoles frontalières peuvent adhérer à des structures de coopération transfrontalière.
Sur le plan de l'organisation interne, les métropoles peuvent mettre en place des conseils de territoire, dotés d'un budget de fonctionnement et d'investissement alimenté par une dotation de gestion du territoire.
Enfin, elles disposent, comme tous les EPCI, d'un budget propre, de personnels et de locaux.

72. Les métropoles vont-elles remplacer les départements ?

Cette question a beaucoup interrogé ces dernières années puisque se profile, derrière cela, la disparition pure et simple des départements. C'est en réalité toute la composition du paysage des collectivités territoriales qui est sur le point d'être redessiné du fait de sa trop grande variété. L'exemple très pertinent de la fusion entre le département du Rhône et la métropole lyonnaise a inspiré nombre de commentateurs pour proposer des modèles identiques sur tout le territoire métropolitain.

Le gouvernement a cependant, courant février 2019, clarifié cette question en rassurant les présidents d'exécutif des départements et en leur indiquant qu'il n'était nullement prévu de faire disparaître les départements par la création de métropoles. En Île-de-France il en est de même. Il avait été convenu qu'en 2020, les trois départements de la petite couronne (92, 93 et 94) devaient disparaître au profit de la métropole du Grand Paris, qui absorberait leurs compétences. Là aussi, le gouvernement a précisé que cette réforme n'aurait pas lieu et que ces trois départements continueraient d'exister.

Les métropoles n'ont finalement pas absorbé les départements.

La crise sanitaire semble enfin avoir enterré, au moins provisoirement, ces débats sur la disparition des départements.

73. Quelles sont les caractéristiques de la métropole du Grand Paris ?

La métropole du Grand Paris, qui regroupe la commune de Paris et les 131 communes des départements de la petite couronne (c'est-à-dire des Hauts-de-Seine, de la Seine-Saint-Denis et du Val-de-Marne), ainsi que 7 communes de la grande couronne, est la plus importante des métropoles françaises. Créée en 2016, elle comprend plus de 7 millions d'habitants.

Cette métropole, comme toutes celles existantes, exerce les compétences suivantes :

- aménagement de l'espace métropolitain ;
- politique locale de l'habitat ;
- développement économique, social et culturel ;
- protection de l'air et de l'environnement.

Par ailleurs, pourront lui être transférées d'autres compétences comme la gestion d'écoles, collèges ou lycées, des PLU, le RSA...

Pour assurer une meilleure gestion sur tout le périmètre géographique, la loi MAPTAM a créé, en son sein, douze territoires, « *d'un seul tenant et sans enclave, regroupant chacun au moins 300 000* habitants ». Au sein de chacun d'eux, des décrets, du 11 décembre 2015, ont institué un **conseil de territoire** « *composé des délégués des communes incluses dans le périmètre du territoire* ». Ont également été créés une **Assemblée des maires de la métropole du Grand Paris**, « *composée de l'ensemble des maires des communes situées dans le ressort territorial de la métropole* », ainsi qu'un **Conseil de développement**, composé de partenaires économiques, sociaux et culturels de la métropole du Grand Paris, consulté sur les principales orientations de la métropole.

2 Les communes

1. Questions

74. Combien existe-t-il de communes ?
75. Quels sont les différents types de communes ?
76. Qu'est-ce qu'une commune nouvelle ?
77. Quelle est l'histoire des communes ?
78. Comment est organisée une commune ?
79. Qu'est-ce qu'une fusion et défusion de communes ?
80. Quelles sont les différentes catégories d'élus présents dans une commune ?
81. Quel est le régime indemnitaire des élus municipaux ?
82. Comment sont élus les membres du conseil municipal ?
83. Comment est élu le maire ?
84. Quelles sont les compétences d'une commune ?
85. Qu'est-ce qu'une délibération et qui l'exécute ?
86. Une délibération votée doit-elle être obligatoirement exécutée ?
87. Qui peut contester une délibération ?
88. Le maire seul peut-il adopter une délibération ?
89. Qu'est-ce que le quorum ?
90. Qu'est-ce que le règlement intérieur du conseil municipal ?
91. Quel est le rôle du maire lors du conseil municipal ?
92. Quels sont les droits de l'opposition au sein du conseil municipal ?
93. Quels sont les modes de scrutin qui s'appliquent aux élections municipales ?
94. Quelles sont les règles qui s'appliquent en matière de communication lors de la campagne électorale ?
95. Comment sont organisés les bureaux de vote lors des élections municipales ?
96. Qu'est-ce qu'un dépouillement électoral ?

2. Réponses

74. Combien existe-t-il de communes ?

Le nombre de communes, connu pour être aux alentours de 36 500 pendant longtemps, ne cesse à présent de baisser, en raison des dispositifs législatifs prévus par les lois NOTRe et la MAPTAM. Ces textes prévoient la création de communes nouvelles (à qui sont attribués des moyens financiers significatifs), ce qui a permis une première baisse du nombre de communes.
Au 1er janvier 2022, on compte exactement 34 955 communes : 34 951 regroupées au sein d'un EPCI et 4 isolées et non regroupées au sein d'un EPCI.

75. Quels sont les différents types de communes ?

Toutes les communes sont identiques à l'exception des communes de Paris, Lyon et Marseille, qui disposent d'un mode d'organisation particulier :

- Paris, qui comprend 20 arrondissements et 163 conseillers municipaux ;
- Lyon, qui comprend 9 arrondissements et 73 conseillers municipaux ;
- Marseille, qui comprend 16 arrondissements et 101 conseillers municipaux.

La ville de Paris bénéficie d'un statut particulier depuis la Révolution, du fait de la présence, sur son territoire, des institutions politiques du pays, mais aussi de son passé « révolutionnaire ». À cet effet, le maire n'existait pas, jusqu'en 1975 (avec une première élection en 1977 : Jacques Chirac fut le premier maire élu au XXe siècle), et ses pouvoirs de police, une fois celui-ci créé, étaient limités et assurés par le préfet du département de Paris, qualifié de préfet de police.
Par ailleurs, Paris est à la fois un département et une commune, et ses membres élus se confondent dans ces deux collectivités territoriales. L'organisation de la ville en arrondissements est ancienne et a été réorganisée par la loi du 31 décembre 1982. Celle-ci instaure un maire par arrondissement, et un maire de Paris. Les premiers (les vingt maires d'arrondissement) sont élus au suffrage indirect par leur conseil municipal, le second est élu par et parmi l'assemblée municipale du Conseil de Paris. Les maires d'arrondissement disposent d'un pouvoir très limité (avis sur les subventions et l'urbanisme, décisions sur les équipements de proximité que sont l'éducation, le sport, le social et la culture).
Il convient également de rajouter que depuis une loi de 2017, la ville de Paris est modifiée comme suit :

- les quatre premiers arrondissements sont regroupés au sein d'un seul conseil municipal ;
- le maire de Paris a retrouvé en 2019 une grande partie de ses prérogatives (il pourra en transmettre certaines aux maires d'arrondissement), comme « *la circulation, le stationnement, la police des baignades, la réglementation des manifestations de voie publique à caractère festif, sportif ou culturel, la police des édifices menaçant ruine, la salubrité, la délivrance de divers documents d'identité...* ».

76. Qu'est-ce qu'une commune nouvelle ?

C'est l'article 2113-2 du CGCT qui définit explicitement la commune nouvelle, telle qu'elle découle de la loi du 16 mars 2015 relative à l'amélioration du régime de la commune nouvelle, pour des communes fortes et vivantes : « *Une commune nouvelle peut être créée en lieu et place de communes contiguës :*
1° Soit à la demande de tous les conseils municipaux ;
2° Soit à la demande des deux tiers au moins des conseils municipaux des communes membres d'un même établissement public de coopération intercommunale à fiscalité propre, représentant plus des deux tiers de la population totale de celles-ci ;
3° Soit à la demande de l'organe délibérant d'un établissement public de coopération intercommunale à fiscalité propre, en vue de la création d'une commune nouvelle en lieu et place de toutes ses communes membres ;
4° Soit à l'initiative du représentant de l'État dans le département. »
En janvier 2021, le ministère de l'Intérieur indiquait l'existence de 823 communes « nouvelles », regroupant plus de 2 550 communes et 2,5 millions d'habitants. Cela correspond à une baisse de 5 % du nombre total de communes depuis 2012. Ces dernières, pour leur création, bénéficient d'un mode d'organisation et de fonctionnement original, mais aussi de ressources « dérogatoires ».
Sur le plan financier, lors de leur création, ces communes se voient aider par une dotation forfaitaire spéciale, notamment lorsqu'il s'agit de communes de petites tailles qui, une fois regroupées, sont composées d'environ 30 000 habitants.
Sur le plan concret, le ministère de l'Intérieur a pu préciser, après la promulgation de la loi du 1er août 2019 visant à adapter l'organisation des communes nouvelles à la diversité des territoires, que « *les maires délégués prennent rang immédiatement après le maire dans l'ordre du tableau municipal* ». Ces deux notions, longtemps incompatibles, sont mises en œuvre dès juillet 2020, après le second tour des municipales. C'est ainsi que les fonctions de maire et de maire délégué peuvent être cumulées après les municipales 2020 (sans que les indemnités, quant à elles, ne soient cumulables).
Toujours selon le ministère de l'Intérieur : « *Le conseil municipal de la commune nouvelle peut décider la suppression d'une partie ou de l'ensemble des communes déléguées, dans un délai qu'il détermine. Le projet de suppression d'une commune déléguée est subordonné à l'accord du maire délégué et, lorsqu'il existe, du conseil de la commune déléguée. Les maires délégués peuvent demander la réunion, sur un ordre du jour déterminé, de la conférence municipale qui devient la "conférence du maire et des maires délégués".* »

77. Quelle est l'histoire des communes ?

Cette collectivité de « base » ou de proximité est la plus ancienne (plus de deux mille ans) de toutes les collectivités territoriales.
Deux grands textes historiques et deux étapes concernent les communes :

- **la loi du 14 décembre 1789** a érigé en communes, « *toutes les communautés d'habitants* » existant au moment de la Révolution française (paroisses, villages, bourgs, villes) ;

- **la loi municipale de 1884** organise le conseil municipal et les pouvoirs du maire. Le premier est élu au suffrage universel direct, le second est élu par et parmi les membres du conseil municipal (donc au suffrage universel indirect). Organe exécutif de la commune, collectivité décentralisée, le maire est par ailleurs le représentant de l'État dans la commune-circonscription déconcentrée.

À ces deux textes s'ajoutent deux étapes :

- **la loi de décentralisation de 1982** n'en a pas modifié les contours ni les pouvoirs, mais a transformé le contrôle de légalité qui les concerne puisque le préfet procède, depuis cette date, à un contrôle *a posteriori*, et ne dispose pas de pouvoir d'annulation des actes municipaux. Seul le juge administratif en a le pouvoir (cf. Question 25).
- **La réforme des années 2010 et 2015**, concernant les EPCI, impacte également les communes puisqu'elle oblige ces dernières à se regrouper.

78. Comment est organisée une commune ?

Les communes sont toutes organisées sur le même mode, à l'exception des communes de Paris, Lyon et Marseille (dotées d'arrondissements).

Deux « équipes » sont en place au sein d'une commune :

- **une équipe municipale**, composée de l'ensemble des élus qui composent le conseil municipal (de 7 à 69 élus, dont le maire) ;
- **une équipe administrative**, composée d'un directeur général (secrétaire général dans les petites communes), d'éventuels adjoints à ce directeur général, et d'équipes en plus ou moins grand nombre, selon la taille et les moyens de la commune (pour une commune de 100 000 habitants, on compte environ 3 000 agents).

Des mairies annexes peuvent également être présentes sur le territoire communal.

79. Qu'est-ce qu'une fusion et défusion de communes ?

La **fusion** de communes est la création d'une nouvelle commune, à partir de deux ou plusieurs communes. Elle est prévue par les articles L. 2113-1 à L. 2113-5, L. 2113-9, L. 2113-11 et L. 2113-12 du code général des collectivités territoriales (CGCT).

La France est passée de 38 800 communes en 1950 à 34 965 en 2021, soit une baisse de 10,2 % du nombre de communes en 70 ans.

La fusion des communes résulte de trois textes : un premier texte de 1971 (loi Marcellin), un deuxième, de 2010, la loi du 16 décembre, dite de réforme des collectivités territoriales et un troisième texte, la loi du 16 mars 2015 relative à l'amélioration du régime de la commune nouvelle, pour des communes fortes et vivantes. Par ailleurs, les lois du 8 novembre 2016 et du 1er août 2019 « *autorisent désormais, outre la suppression totale de l'ensemble des communes déléguées, la suppression d'une partie seulement des communes déléguées, par décision du conseil municipal de la commune nouvelle* », selon l'INSEE.

La **défusion** est quant à elle possible. Selon le gouvernement : « *La défusion de communes consiste en l'érection en commune distincte d'une ou plusieurs parties de la commune résultant de la fusion.* » Cette procédure, bien que n'étant pas prévue par les textes, a été autorisée en 1975 par le ministre de l'Intérieur. C'est ainsi que « *le rétablissement en communes distinctes de communes ayant fait l'objet d'une fusion devait s'opérer selon les modalités prévues par le CGCT pour l'érection en commune indépendante d'une portion de commune* ». Elle peut également résulter d'une décision de justice portant annulation des actes de fusion.

80. Quelles sont les différentes catégories d'élus présents dans une commune ?

Il n'y a pas de distinction entre les élus au sein d'une commune. Provenant d'origines diverses, ils n'en demeurent pas moins tous égaux : ils doivent être, au moment de leur candidature, électeurs et contribuables de la commune.
La constitution du conseil municipal, en revanche, est ventilée en quatre catégories :

- le maire ;
- **les adjoints au maire** : leur nombre est adopté par un vote en conseil municipal et ne peut être supérieur à 30 % de l'effectif total du conseil municipal (art. L. 2122-2 CGCT). Dans les communes de plus de 80 000 habitants, depuis 2002, peuvent être créés des maires adjoints chargés de quartiers, dans une limite de 10 % de l'effectif du conseil municipal (art. L. 2122-2-1 CGCT). Le mandat des élus s'aligne sur celui du maire : ils ne détiennent d'attribution ou de pouvoir que par la décision du maire. Bien qu'élus par le conseil municipal, c'est le maire qui leur attribue leurs compétences. Il s'agit d'une délégation qui permet au maire adjoint d'œuvrer dans son domaine de compétence. Avec la loi n° 2019-1461 du 27 décembre 2019 relative à l'engagement dans la vie locale et à la proximité de l'action publique, il est à présent possible de disposer d'adjoint sans délégation ;
- **les délégués du maire** : c'est l'article L. 2122-18 du CGCT qui autorise le maire à confier une délégation aux conseillers municipaux « *en cas d'absence ou d'empêchement des adjoints et dès lors que ces derniers sont tous titulaires d'une délégation* » ;
- **les autres élus** (soit de la majorité municipale, soit de l'opposition).

Les adjoints, comme les élus délégués, perçoivent une indemnité qui est adoptée lors d'un vote du conseil municipal au regard d'une enveloppe totale qui ne peut être dépassée.
Le conseil municipal peut également décider d'attribuer une indemnité aux autres élus, qu'ils soient de la majorité ou de l'opposition.

81. Quel est le régime indemnitaire des élus municipaux ?

Selon le ministère de l'Intérieur, « *le montant des indemnités de fonction est fixé en pourcentage du montant correspondant à l'indice brut terminal de l'échelle indiciaire de la fonction publique et varie selon l'importance du mandat et la population de la collectivité. Les indemnités de fonction des élus sont fixées par l'organe délibérant dans les trois mois suivant son installation. Ces indemnités de fonction constituent une dépense obligatoire pour la collectivité* ».

Sont ainsi concernés : les maires, les adjoints, les délégués, les élus municipaux des communes constituées d'au moins 100 000 habitants. À chaque revalorisation du point d'indice de la fonction publique, les indemnités des élus locaux sont automatiquement augmentées.

Tout cela est précisé dans une circulaire, de laquelle il ressort qu'un maire peut percevoir une indemnité brute allant de 600 à 5 600 euros mensuels, selon la strate démographique de la commune. Les adjoints, eux, perçoivent de 250 à 2 800 euros mensuels et les élus « normaux », une indemnité pouvant aller jusqu'à 230 euros.

82. Comment sont élus les membres du conseil municipal ?

Les membres du conseil municipal sont élus tous les six ans au suffrage universel direct par tous les électeurs de la commune, pour toutes les communes, sauf dans les villes composées d'arrondissement (Paris, Lyon et Marseille), où des règles dérogatoires sont en vigueur.

Le nombre de conseillers municipaux quant à lui varie selon le nombre d'habitants, de 7 à 69 (selon l'article L. 2121-2 du CGCT).

Communes	Nombre des membres du conseil municipal
De moins de 100 habitants	7
De 100 à 499 habitants	11
De 500 à 1 499 habitants	15
De 1 500 à 2 499 habitants	19
De 2 500 à 3 499 habitants	23
De 3 500 à 4 999 habitants	27
De 5 000 à 9 999 habitants	29
De 10 000 à 19 999 habitants	33
De 20 000 à 29 999 habitants	35
De 30 000 à 39 999 habitants	39
De 40 000 à 49 999 habitants	43
De 50 000 à 59 999 habitants	45
De 60 000 à 79 999 habitants	49
De 80 000 à 99 999 habitants	53
De 100 000 à 149 999 habitants	55
De 150 000 à 199 999 habitants	59

Communes	Nombre des membres du conseil municipal
De 200 000 à 249 999 habitants	61
De 250 000 à 299 999 habitants	65
Et de 300 000 et au-dessus	69

Le maire, lui, est élu au scrutin universel indirect selon les modalités précisées à la Question 83.

83. Comment est élu le maire ?

Selon les dispositions prévues aux articles L. 2122-1 et L. 2122-4 CGCT, le maire est élu par et au sein du conseil municipal, au scrutin secret et à la majorité absolue pour les deux premiers tours de scrutin, et à la majorité relative si un troisième tour est nécessaire, lors du premier conseil municipal qui suit les élections municipales. Le maire ne peut toutefois pas, contrairement aux autres conseillers municipaux, être ressortissant d'un autre pays européen. Titulaire de prérogatives d'ordre public, il doit obligatoirement être français.

84. Quelles sont les compétences d'une commune ?

Les communes disposent d'une « *clause de compétence générale* », selon la loi MAPTAM, c'est-à-dire qu'elles peuvent intervenir dans toutes les matières en lien avec l'intérêt national. Cependant, l'intitulé de cette clause peut s'avérer trompeur, puisque les communes ne peuvent intervenir que dans les matières administratives (elles ne peuvent créer des sociétés de droit privé comme elles le souhaitent – cf. Question 122) et ne peuvent empiéter sur les matières propres à l'État (justice, diplomatie, sécurité nationale et armée, monnaie). La clause de compétence générale ne leur permet en outre pas d'empiéter sur les pouvoirs de police spécifiquement dévolus par les textes aux autorités de l'État (par exemple en matière de crise sanitaire, réglementation sur les pesticides, etc.).
Les communes disposent de compétences qui leur sont propres et qu'elles doivent obligatoirement exercer :

- l'entretien de la voirie communale ;
- la protection de l'ordre public local par le biais du pouvoir de police du maire ;
- les actes d'état civil (enregistrement des naissances, mariages et décès) ;
- la gestion des élections et des référendums.

Elles ont par ailleurs des missions nouvelles fixées par la loi MAPTAM, comme la mobilité durable, l'organisation des services publics de proximité, l'aménagement de l'espace et le développement local.

Enfin, en faisant un inventaire de ces compétences « municipales », on relève les points suivants :

- **en matière d'urbanisme**, les communes peuvent prendre des décisions relatives à la conception et l'élaboration des documents réglementaires d'urbanisme – plans locaux d'urbanisme (PLU), sous réserve de la compétence des établissements publics de coopération intercommunale et des métropoles ; zones d'aménagement concerté (ZAC) –, de concert avec l'autorité de tutelle (sur ce point, il convient de préciser que les maires, sous réserve du contrôle de légalité exercé par le préfet, peuvent délivrer la grande majorité des autorisations individuelles d'urbanisme, dont les permis de construire) ;
- **en matière sanitaire et sociale**, la commune, par l'intermédiaire des centres communaux d'action sociale (CCAS) gère les crèches, les foyers de personnes âgées, l'aide sociale sous de nombreuses formes ;
- **en matière d'enseignement**, la commune gère les écoles pré-élémentaires et élémentaires (création et implantation, gestion et financement, à l'exception de la rémunération des enseignants) ;
- **en matière de culture**, les communes créent, gèrent (seules ou non) les bibliothèques, musées, écoles de musique, salles de spectacle ainsi que toutes les manifestations culturelles ;
- **en matière sportive**, la commune aide le milieu sportif et crée des équipements sportifs, voire organise des évènements locaux.

85. Qu'est-ce qu'une délibération et qui l'exécute ?

Une délibération est un acte administratif unilatéral réglementaire ou individuel adopté par l'organe délibérant (conseil municipal, départemental, régional ou l'organe délibérant de l'EPCI). Elle doit correspondre au domaine d'attribution de la collectivité qui l'adopte. Elle est contestable dans les deux mois qui suivent sa publication et sa transmission au préfet par toute personne qui en a la capacité (les élus, le préfet et tout administré, contribuable de la commune).

Comme tous les actes administratifs, une délibération doit comporter une base légale (les visas), une motivation quand l'administration n'en est pas dispensée (les considérants) et un dispositif (les articles). On dit que c'est un acte réglementaire quand il n'est pas nominatif ou individuel, et individuel quand il vise une ou plusieurs personnes de manière explicite.

Les délibérations, qui sont adoptées par le seul organe délibérant de la collectivité territoriale (conseil municipal, départemental, régional, ou communautaire), sont en revanche mises en œuvre par l'organe exécutif, à savoir le maire, le président du conseil départemental ou régional ou le président de l'EPCI. Pour ce faire, une fois que l'acte a respecté les prescriptions légales (affichage et transmission au contrôle de légalité), il est mis en œuvre par les services administratifs, suite aux directives du maire (ou de son équivalent).

86. Une délibération votée doit-elle être obligatoirement exécutée ?

Le maire ou son équivalent ont parfaitement le droit de ne pas exécuter une délibération adoptée par l'instance délibérative (sous réserve des compétences obligatoires de la collectivité). En sens contraire, ils ne peuvent pas mettre en œuvre une délibération qui n'a pas été adoptée dans les formes par l'organe délibérant.

87. Qui peut contester une délibération ?

Une délibération peut être contestée par toute personne qui a intérêt à agir, si l'on s'en tient aux dispositions prévues par le code de justice administrative et la jurisprudence administrative. Ce qui signifie que peuvent contester une délibération :

- tous les membres du conseil municipal ;
- les agents publics travaillant pour la commune et impactés par la délibération contestée ;
- tous les contribuables de la commune ;
- le préfet qui justifie toujours d'un intérêt à agir au titre du contrôle de légalité.

Sans revenir sur la compétence du préfet (cf. Questions 58 et suivantes), la contestation s'opère de deux façons différentes :

- **un recours administratif** peut être adressé au maire, l'invitant à retirer l'acte administratif, dans les deux mois qui suivent sa promulgation ;
- à la suite de ce recours, ou directement, **un recours contentieux** est adressé au tribunal administratif contre l'acte attaqué. Ce recours intervient soit dans les deux mois qui suivent l'affichage de la délibération, soit dans les deux mois qui suivent la réponse explicite ou implicite du maire dans le cadre du recours administratif.

88. Le maire seul peut-il adopter une délibération ?

Le maire ne peut adopter de délibération, qui est de la seule compétence du conseil municipal. En revanche, le maire peut être titulaire de certaines matières que le conseil municipal lui a déléguées (on parle alors de délégation de pouvoir). À ce moment-là il prendra non pas des délibérations, mais des décisions. Ou alors, en vertu de ses pouvoirs, il prend des arrêtés dans le domaine de compétence qui est le sien (gestion du personnel, police administrative, voirie, gestion des bâtiments…). Un pouvoir ainsi délégué par le conseil municipal ne peut plus être mis en œuvre par celui-ci. Seul le maire sera alors compétent.

89. Qu'est-ce que le quorum ?

Selon les dispositions prévues à l'article L. 2121-17 du CGCT, « *le conseil municipal ne délibère valablement que lorsque la majorité de ses membres en exercice est présente* ». On appelle cela le quorum. Pour que le quorum soit atteint, il est donc nécessaire que le nombre des membres en exercice du conseil municipal qui sont effectivement présents

à la séance soit supérieur à la moitié du nombre des membres en exercice du conseil municipal.
En l'espèce, la majorité se calcule par « au moins la moitié », et non par la moitié + 1. Par exemple, si le nombre de conseillers en exercice est de 11, le quorum est atteint si 6 conseillers sont effectivement présents ; si le nombre des conseillers en exercice est de 15, le quorum est encore atteint si 8 conseillers sont présents. Cette disposition impose que le calcul porte sur le nombre de conseillers effectivement en exercice et présents à la séance. C'est ainsi que le quorum n'est pas impacté par des conseillers présents qui refusent de voter.
Il convient de rajouter que le quorum doit être vérifié en début de séance et lors de l'ouverture de chaque nouveau point. S'il n'est pas acquis, la séance ne peut se poursuivre. Le maire peut cependant convoquer un nouveau conseil municipal sur le même ordre du jour, sans contrainte de quorum, dans un délai de trois jours francs.

90. Qu'est-ce que le règlement intérieur du conseil municipal ?

Depuis 1992, les communes de plus de 3 500 habitants ont l'obligation de se doter d'un règlement intérieur qui doit être adopté dans les six mois après chaque élection. En revanche, dans les communes de moins de 3 500 habitants, c'est au conseil municipal qu'il appartient d'apprécier librement l'opportunité d'établir un tel règlement.
Son contenu est libre mais il doit toutefois être relatif au fonctionnement du conseil municipal. Doivent être visées, selon le ministère de l'Intérieur :

- les modalités d'organisation du débat d'orientation budgétaire qui doit se dérouler deux mois avant le vote du budget ;
- les modalités de la consultation par le conseil municipal des projets de contrat de service public ou de marché ;
- les règles relatives aux questions orales des conseillers municipaux (présentation, examen, fréquence...) ;
- les modalités d'expression, dans le bulletin municipal des conseillers municipaux n'appartenant pas à la majorité municipale (cf. Question 92) ;
- de plus, le règlement intérieur doit fixer les règles de présentation et d'examen de la demande de constitution de la mission d'information et d'évaluation intéressant les conseillers municipaux, dans les communes de 50 000 habitants et plus, et préciser les modalités de son fonctionnement et de sa composition dans le respect du principe de la représentation proportionnelle, la durée de la mission (limitée à six mois maximum) ainsi que les conditions de remise de son rapport aux membres du conseil municipal.

Cette règle s'impose d'ailleurs aux EPCI comprenant une commune d'au moins 3 500 habitants.
Le règlement intérieur peut être déféré devant le tribunal administratif en vue de son annulation, par le biais de la délibération l'adoptant (cf. Question 87).

91. Quel est le rôle du maire lors du conseil municipal ?

Le maire convoque et détermine l'ordre du jour, mais aussi préside le conseil municipal. Il ouvre la séance, dirige les débats et les déclare clos lorsque l'ordre du jour est épuisé. En revanche, quand l'objet du conseil municipal porte sur l'adoption du compte administratif, le maire doit se retirer au moment du vote du compte. Il en va de même pour tout point pour lequel il serait « personnellement intéressé » (comme, d'ailleurs, pour tous les conseillers).
Le maire est en charge de la police de l'assemblée, à ce titre il peut parfaitement expulser toute personne troublant l'ordre public et s'il relève un crime ou un délit, en dresser « *un procès-verbal et saisir immédiatement le procureur de la République* ».

92. Quels sont les droits de l'opposition au sein du conseil municipal ?

C'est l'article L. 2121-27-1 du CGCT qui précise quels sont les droits de l'opposition. C'est ainsi que l'opposition dispose d'un droit d'expression dans le bulletin municipal, dans les communes de plus de 3 500 habitants, comme doit le prévoir le règlement intérieur du conseil municipal.
Le même code prévoit également la possibilité de mettre à disposition de l'opposition un local administratif sans frais. Par ailleurs, et de manière générale, les membres de l'opposition peuvent siéger dans différentes instances. À ce titre, l'opposition dispose du droit d'accéder aux dossiers évoqués lors de ces réunions.
Enfin, tout membre de l'opposition peut contester juridiquement tous les actes et contrats de la collectivité.

93. Quels sont les modes de scrutin qui s'appliquent aux élections municipales ?

Tout part de la Constitution, et notamment de son article 3 qui précise que « *le suffrage peut être direct ou indirect [...]. Il est toujours universel, égal et secret* ». C'est ainsi que pour les communes, le mode de scrutin varie selon le nombre d'habitants : scrutin majoritaire dans les communes de moins de 1 000 habitants, scrutin proportionnel dans les autres.

- **Dans les communes de moins de 1 000 habitants** (il était fixé jusqu'à peu à 3 500 habitants), le scrutin est majoritaire, plurinominal et à deux tours. Les candidats se présentent sur une liste, mais les électeurs peuvent modifier les listes, panacher, ajouter ou supprimer des candidats sans que le vote ne soit nul. Les listes incomplètes et les candidatures individuelles sont autorisées et il n'y a pas d'obligation de parité femmes/hommes. Obtiennent un siège au conseil municipal, dès le premier tour, les candidats remplissant une double condition : avoir obtenu la majorité absolue des suffrages exprimés et recueilli au moins un quart des suffrages des électeurs inscrits. Les suffrages sont décomptés individuellement par candidat et non par liste. Pour les sièges restant à pourvoir, un second tour est organisé : l'élection a alors lieu à la majorité relative, quel que soit le nombre de votants. Les candidats obtenant le plus grand nombre de voix sont élus. Si plusieurs candidats obtiennent le même nombre de suffrages, l'élection est acquise pour le plus âgé. Dans ces communes de moins de 1 000 habitants, les conseillers communautaires (c'est-à-dire ceux qui représentent les communes dans les organes intercommunaux) sont les membres du conseil municipal désignés « **dans l'ordre du tableau** » (maire, premier adjoint, deuxième adjoint…).

- **Dans les communes de plus de 1 000 habitants**, les conseillers municipaux sont élus au scrutin proportionnel, de liste, à deux tours avec prime majoritaire accordée à la liste arrivée en tête (art. L. 260 du code électoral). Les listes doivent être complètes, sans modification de l'ordre de présentation et composées d'autant de femmes que d'hommes, avec alternance obligatoire une femme/un homme ou inversement. Le dépôt d'une déclaration de candidature est exigé pour chaque tour de scrutin. Un candidat ne peut l'être dans plus d'une circonscription électorale, ni sur plus d'une liste. Au premier tour, la liste qui obtient la majorité absolue des suffrages exprimés reçoit un nombre de sièges égal à la moitié des sièges à pourvoir. Les autres sièges sont répartis à la représentation proportionnelle à la plus forte moyenne entre toutes les listes ayant obtenu plus de 5 % des suffrages exprimés en fonction du nombre de suffrage obtenus. Lors de l'éventuel second tour, seules les listes ayant obtenu au premier tour au moins 10 % des suffrages exprimés sont autorisées à se maintenir. Elles peuvent connaître des modifications, notamment par fusion avec d'autres listes pouvant se maintenir ou fusionner. Les listes ayant obtenu au moins 5 % des suffrages exprimés peuvent fusionner avec une liste ayant obtenu plus de 10 %. La répartition des sièges se fait alors comme lors du premier tour.

94. Quelles sont les règles qui s'appliquent en matière de communication lors de la campagne électorale ?

Les élections municipales ont lieu tous les six ans.
C'est le code électoral qui définit les règles en matière de campagne électorale, *via* les articles L. 52-1 et L. 52-8 qui précisent d'une part, « *à compter du premier jour du sixième mois précédant le mois au cours duquel il doit être procédé à des élections générales, aucune campagne de promotion publicitaire des réalisations ou de la gestion d'une collectivité ne peut être organisée sur le territoire des collectivités intéressées par le scrutin* », et d'autre part, « *les personnes morales, à l'exception des partis ou groupements politiques, ne peuvent participer au financement de la campagne électorale d'un candidat, ni en lui consentant des dons sous quelque forme que ce soit, ni en lui fournissant des biens, services ou autres avantages directs ou indirects à des prix inférieurs à ceux qui sont habituellement pratiqués* ».

Par ailleurs, depuis le 1er septembre 2019, le code électoral interdit toute aide de personnes morales (collectivités territoriales, établissements publics de coopération intercommunale [EPCI], associations, entreprises…) à la campagne d'un candidat et exclut toute campagne de promotion publicitaire des réalisations et de la gestion des collectivités intéressées par le scrutin, sans quoi, le juge saisi réintégrera « *le coût de cette campagne de promotion publicitaire dans le compte de campagne du candidat, ce qui peut avoir pour conséquence un refus de remboursement des frais de campagne au candidat et conduire potentiellement à son inéligibilité »*.

95. Comment sont organisés les bureaux de vote lors des élections municipales ?

Les bureaux de vote sont « créés » par arrêté préfectoral de manière annuelle. Cet arrêté est notifié au maire. Il contient la liste des bureaux de vote, qui doivent comprendre entre 800 et 1 000 électeurs. Cette liste est ensuite révisée par les commissions administratives municipales.

Les bureaux de vote sont installés dans des bâtiments municipaux publics. Lorsqu'il y a plus d'un bureau de vote, le maire désigne un bureau comme étant le bureau centralisateur (il s'agit en général d'un bureau situé dans l'hôtel de ville).

Les bureaux de vote sont composés d'un président, assisté d'au moins deux assesseurs désignés par les différents candidats. Les présidents des bureaux de vote sont les maires des communes, leurs adjoints et les conseillers municipaux, dans l'ordre du tableau. Dans le cas contraire, le maire désigne parmi les électeurs, ceux qui assureront cette fonction.

Ces mêmes bureaux sont organisés de façon à offrir aux électeurs la possibilité de voter de manière sereine, en disposant soit de machines à voter, soit d'enveloppes, de bulletins de vote, d'une urne, d'isoloirs et d'informations claires sur le cadre légal dans lequel s'inscrivent les élections.

96. Qu'est-ce qu'un dépouillement électoral ?

Le dépouillement électoral est l'opération qui consiste à vérifier et comptabiliser les votes. Le code électoral est très précis en la matière.

C'est son article L. 65, qui nous renseigne en indiquant que « *[...] le dépouillement se déroule de la manière suivante : l'urne est ouverte et le nombre des enveloppes est vérifié. Si ce nombre est plus grand ou moindre que celui des émargements, il en est fait mention au procès-verbal. Le bureau désigne parmi les électeurs présents un certain nombre de scrutateurs sachant lire et écrire, lesquels se divisent par tables de quatre au moins. Si plusieurs candidats ou plusieurs listes sont en présence, il leur est permis de désigner respectivement les scrutateurs, lesquels doivent être répartis également autant que possible par chaque table de dépouillement. Le nombre de tables ne peut être supérieur au nombre d'isoloirs.*

Les enveloppes contenant les bulletins sont regroupées par paquet de cent. Ces paquets sont introduits dans des enveloppes spécialement réservées à cet effet. Dès l'introduction d'un paquet de cent bulletins, l'enveloppe est cachetée et y sont apposées les signatures du président du bureau de vote et d'au moins deux assesseurs représentant, sauf liste ou candidat unique, des listes ou des candidats différents.

À chaque table, l'un des scrutateurs extrait le bulletin de chaque enveloppe et le passe déplié à un autre scrutateur ; celui-ci le lit à haute voix ; les noms portés sur les bulletins sont relevés par deux scrutateurs au moins sur des listes préparées à cet effet. Si une enveloppe contient

Les différentes collectivités territoriales

plusieurs bulletins, le vote est nul quand les bulletins portent des listes et des noms différents. Les bulletins multiples ne comptent que pour un seul quand ils désignent la même liste, le même binôme de candidats ou le même candidat. Les bulletins blancs sont décomptés séparément et annexés au procès-verbal. Ils n'entrent pas en compte pour la détermination des suffrages exprimés, mais il en est fait spécialement mention dans les résultats des scrutins. Une enveloppe ne contenant aucun bulletin est assimilée à un bulletin blanc. »

Lorsque le bureau de vote est muni de machines à voter, le même article précise qu'à la fin des opérations de vote, le président « *rend visibles les compteurs totalisant les suffrages obtenus par chaque liste, chaque binôme de candidats ou chaque candidat ainsi que les votes blancs, de manière à en permettre la lecture par les membres du bureau, les délégués des candidats et les électeurs présents. Le président donne lecture à haute voix des résultats qui sont aussitôt enregistrés par le secrétaire* ».

3 Les départements

1. Questions

97. Combien existe-t-il de départements ?

98. Quels sont les différents types de départements ?

99. Quelle est l'histoire des départements ?

100. Comment est organisé un département ?

101. Quelles sont les différentes catégories d'élus présents dans un conseil départemental ?

102. Comment sont élus les membres du conseil départemental ?

103. Comment est élu le président du conseil départemental ?

104. Quelles sont les compétences d'un conseil départemental ?

2. Réponses

97. Combien existe-t-il de départements ?

Il existe 101 départements, répartis pour 96 d'entre eux en métropole, et pour les 5 autres en outre-mer.

98. Quels sont les différents types de départements ?

Il existe quatre catégories de départements :

- **les départements situés en métropole**, à l'exception du 75, du 69 et de la Corse : il s'agit des 92 départements qui sont tous organisés sur le même mode ;
- **les départements du 75 et du 69** : le premier se confond avec la ville sur laquelle il a toute son emprise parce que Paris est à la fois une commune et un département, et que par conséquent, il n'y a pas d'élections départementales, le Conseil de Paris assurant la gestion du département du 75. Le département du Rhône, quant à lui, se confond avec la métropole de Lyon ;
- **les départements d'outre-mer** : il s'agit des cinq départements suivants : la Guadeloupe (971), la Martinique (972), la Guyane (973), la Réunion (974) et Mayotte (976) (cf. Questions 114 et suivantes) ;

- **La collectivité de Corse** (cf. Question 113) : ses deux anciens départements (2A et 2B), de même que la région Corse, ont été supprimés pour être remplacés par une collectivité territoriale unique, selon les termes de la loi NOTRe.

99. Quelle est l'histoire des départements ?

Créés par le décret du 22 décembre 1789 puis du 16 février 1790 de l'Assemblée constituante, institués au lendemain de la Révolution française, les départements ont dès le départ remplacé les provinces de l'Ancien Régime. Pourtant, ils trouvent leurs limites territoriales pour un grand nombre d'entre eux, dès 1655, puis sous la Révolution, selon la règle suivante : tout habitant doit pouvoir se rendre au chef-lieu du département, et en revenir dans la journée à cheval. Sous Napoléon, à la suite de nombreuses guerres, le nombre de départements s'élèvera à 130.

Dès 1833, sous Louis-Philippe, une première réforme modifie un point essentiel : les membres de l'assemblée délibérante ne sont plus nommés par le gouvernement mais élus. Avec l'annexion de l'Algérie, seront créés trois départements en 1848 (Alger, Oran et Constantine). En 1955, un quatrième département sera créé, celui de Bône. Ces quatre départements perdureront jusqu'en 1962, année de l'indépendance de l'Algérie.

Mais c'est la réforme issue de la loi du 10 août 1871 qui rénove presque complètement l'institution départementale puisqu'elle lui confère ses pouvoirs et son organisation. Son président, en revanche, est le préfet. Ceci va durer jusqu'en 1982. C'est ainsi que la loi du 2 mars 1982 apporte au département ses ultimes modifications : un président élu par et parmi les membres du conseil départemental (à l'époque appelé conseil général) et un contrôle de légalité *a posteriori*, exercé par le préfet, mais dont l'éventuelle censure est opérée par le tribunal administratif.

En 2013, la loi du 17 mai a modifié l'intitulé du conseil général et des conseillers généraux. Depuis cette date, il s'agit du conseil départemental et des conseillers départementaux. C'est ensuite l'acte III de la décentralisation, *via* les lois MAPTAM et NOTRe, qui vont, pour la première, attribuer la clause de compétence générale aux départements, puis la seconde, lui retirer cette clause.

100. Comment est organisé un département ?

Tous les départements sont organisés sur le même schéma :

- **un conseil départemental**, composé d'élus assurant un mandat de six années, renouvelable, qui règle sous forme de délibérations les affaires du département dans les domaines de compétences que la loi lui attribue ;
- **un président du conseil départemental**, qui a pour mission d'exécuter les décisions du conseil (notamment en matière budgétaire où il joue un rôle de préparation et de mise en œuvre). Il peut bénéficier d'une délégation de pouvoir du conseil départemental et déléguer sa signature à ses vice-présidents ; il est le chef des services du département.

Ses pouvoirs propres lui permettent de gérer le domaine du département et une partie de la circulation dans le département ;
- **une commission permanente**, émanation proportionnelle du conseil départemental, qui exerce les attributions du conseil, à l'exception du budget et de l'arrêté des comptes ;
- **un bureau du conseil départemental**, composé du président et des membres de la commission permanente habilités, qui assiste le président dans sa gestion du département.

Des agents publics sont affectés aux départements afin qu'ils mènent à bien leurs missions. Il en est de même de ressources matérielles, de bâtiments et de moyens financiers divers.

101. Quelles sont les différentes catégories d'élus présents dans un conseil départemental ?

Il n'existe pas de sous-catégorie ou de catégorie différente entre les élus des conseils départementaux. Ils sont tous élus au suffrage universel direct dans leur canton, pour six années, sur une liste de binômes composée avec une personne du sexe opposé. Cependant, le président, parce qu'il constitue l'organe exécutif du département, peut déléguer l'exercice d'une partie de ses fonctions aux vice-présidents et, dans certaines conditions, à des membres du conseil départemental. Ensemble, président et vice-présidents composent notamment la commission permanente (on peut y retrouver éventuellement d'autres membres).

Pour information, le nombre de vice-présidents peut varier de quatre à quinze, mais ne peut être supérieur à 30 % de l'effectif du conseil.

102. Comment sont élus les membres du conseil départemental ?

Les élections départementales sont qualifiées d'élections cantonales parce que la circonscription électorale est le canton. Dans chacun d'eux, sont élus un homme et une femme. Il y a donc deux fois moins de cantons que d'élus au conseil départemental.

Depuis l'élection de mars 2015, un nouveau mode d'élection s'impose : deux conseillers départementaux (un homme et une femme) sont élus dans chaque canton, au scrutin binominal à deux tours, pour six années. Ils se renouvellent entièrement. C'est l'article L. 210 du code électoral qui nous renseigne précisément sur ce mode électoral :
- nul ne peut être candidat dans plus d'un canton ;
- nul binôme ne peut être candidat au second tour s'il ne s'est pas présenté au premier tour et s'il n'a pas obtenu un nombre de suffrages égal au moins à 12,5 % du nombre des électeurs inscrits ;
- dans le cas où un seul binôme de candidats remplit ces conditions, le binôme ayant obtenu après celui-ci le plus grand nombre de suffrages au premier tour peut se maintenir au second ;
- dans le cas où aucun binôme de candidats ne remplit ces conditions, les deux binômes ayant obtenu le plus grand nombre de suffrages au premier tour peuvent se maintenir au second tour.

103. Comment est élu le président du conseil départemental ?

Le président du conseil départemental est élu par et parmi tous les membres du conseil départemental.
L'élection a lieu, conformément aux dispositions prévues à l'article L. 3122-1 du code général des collectivités territoriales (CGCT), lors de la première réunion qui suit les élections des membres du conseil départemental. Tous les membres du conseil départemental peuvent être candidats, mais ils ne doivent pas cumuler cette fonction avec d'autres mandats, comme celui d'un autre exécutif territorial, ou d'élu au Parlement. Lors de cette élection, les deux tiers des membres élus au conseil doivent être présents.
Le CGCT nous renseigne en indiquant que cette élection est présidée par son doyen d'âge, le plus jeune membre faisant fonction de secrétaire.

104. Quelles sont les compétences d'un conseil départemental ?

Les départements ont, depuis plusieurs décennies, des compétences en matière :

- **d'action sociale**, vocation prioritaire du département (revenu de solidarité active, RSA ; allocation personnalisée d'autonomie, APA ; gestion des services de protection maternelle et infantile, PMI ; aide aux personnes handicapées, ASE, etc.) ;
- **de grands équipements et de voirie** (gestion des routes départementales, ports et aérodromes) ;
- **d'enseignement** (gestion des collèges) ;
- **d'aménagement rural** (remembrement).

Ces compétences ont été renforcées par la loi NOTRe de 2015.

4 Les régions

1. Questions

105. Combien existe-t-il de régions ?
106. Quels sont les différents types de régions ?
107. Quelle est l'histoire des régions ?
108. Comment est organisée une région ?
109. Quelles sont les différentes catégories d'élus présents dans une région ?
110. Comment sont élus les membres du conseil régional ?
111. Comment est élu le président du conseil régional ?
112. Quelles sont les compétences d'une région ?

2. Réponses

105. Combien existe-t-il de régions ?

Depuis le 1er janvier 2016, le nombre de régions, initialement fixé à 22, a été réduit à 13. Cinq régions restent sur le même périmètre et le même nom : Bretagne, Corse, Île-de-France, Provence-Alpes-Côte d'Azur et Pays de la Loire. Seule la région Centre-Val de Loire a changé de nom sans changer de périmètre.
En revanche, sept régions ont été créées à partir de fusions de régions : Normandie, Hauts-de-France, Grand-Est, Nouvelle-Aquitaine, Occitanie, Bourgogne-Franche-Comté et Auvergne-Rhône-Alpes.
À ces dernières peuvent être ajoutées cinq régions d'outre-mer (la Guadeloupe, la Réunion, la Guyane, la Martinique et Mayotte) (cf. Questions 114 et suivantes).

106. Quels sont les différents types de régions ?

Il existe deux types de régions :

- **les régions métropolitaines**, au nombre de treize, qui ont toutes les mêmes compétences et le même mode organisationnel ;
- **les régions d'outre-mer**, au nombre de cinq : la Guadeloupe, la Réunion, la Guyane, la Martinique et Mayotte (cf. Questions 114 et suivantes).

107. Quelle est l'histoire des régions ?

La région, au sens administratif, a été créée en 1955, mais c'est surtout l'État qui les développa en y implantant des administrations déconcentrées, dans les années 1960. Simultanément, y furent créés les préfets de région par le décret du 14 mars 1964. Il faudra cependant attendre la loi du 2 mars 1982 pour que la région devienne, dans son principe, une collectivité territoriale, sur le modèle des communes et des départements.
Par la suite, deux textes plus importants ont concerné les régions :

- **la loi du 16 janvier 2015**, qui revoit de fond en comble les régions en les réduisant à 18 (contre 27 auparavant) et redéfinit leur organisation, tout en repoussant les élections les concernant de quelques mois ;
- **la loi NOTRe** : qui vise à clarifier les compétences des différents échelons territoriaux (régions, départements, intercommunalités, communes). Cette loi supprime la clause de compétence générale au profit des régions.

108. Comment est organisée une région ?

Toutes les régions sont organisées sur le même schéma :

- **un conseil régional**, composé d'élus assurant un mandat de six années, renouvelable, qui règle sous forme de délibérations les affaires de la région dans les domaines de compétences que la loi lui attribue (ils sont entre 41 et 209, selon la démographie de la région) ;
- **un président du conseil régional**, qui a pour mission d'exécuter les décisions du conseil (notamment en matière budgétaire où il joue un rôle de préparation et de mise en œuvre). Il peut bénéficier d'une délégation de pouvoir du conseil régional et déléguer sa signature à ses vice-présidents ; il est le chef des services de la région. Il ne dispose pas de la police administrative, à la différence du maire ou du président du conseil départemental (ce dernier, d'ailleurs, n'a qu'un pouvoir de police administrative spéciale) ;
- **une commission permanente**, émanation proportionnelle du conseil régional, qui exerce les attributions du conseil, à l'exception du budget et de l'arrêté des comptes. Elle représente, au maximum, 30 % de l'effectif du conseil. Elle est composée du président du conseil régional et de 4 à 15 vice-présidents ;
- **un bureau du conseil régional**, composé du président et des membres de la commission permanente habilités, qui assistent le président dans sa gestion du département ;
- **un conseil économique, social, environnemental et régional (CESER)** dont le rôle est de donner des avis au président du conseil régional. Il est lui aussi composé de membres désignés pour six années, par les différentes organisations de la région (patrons, syndicats, associations). Il est par ailleurs consulté sur le budget et peut s'emparer de certaines affaires, sans que cela ne lui soit demandé.

Des agents publics sont affectés au sein des départements afin que ces derniers exécutent leurs missions. Il en est de même de ressources matérielles, de bâtiments et de moyens financiers divers.

109. **Quelles sont les différentes catégories d'élus présents dans une région ?**

Tous les élus du conseil régional disposent du même statut. Il n'existe pas de sous-catégorie ou de catégorie différente. Ils sont tous élus au suffrage universel direct dans leur canton, pour six années.

110. **Comment sont élus les membres du conseil régional ?**

C'est l'article L. 338 du code électoral qui dispose que « *les conseillers régionaux sont élus dans chaque région au scrutin de liste à deux tours sans adjonction ni suppression de noms et sans modification de l'ordre de présentation. Chaque liste est constituée d'autant de sections qu'il y a de départements dans la région* ».

Le même article précise qu'au « *premier tour de scrutin, il est attribué à la liste qui a recueilli la majorité absolue des suffrages exprimés un nombre de sièges égal au quart du nombre des sièges à pourvoir, arrondi à l'entier supérieur. Cette attribution opérée, les autres sièges sont répartis entre toutes les listes à la représentation proportionnelle suivant la règle de la plus forte moyenne, sous réserve de l'application du quatrième alinéa ci-après.*

Si aucune liste n'a recueilli la majorité absolue des suffrages exprimés au premier tour, il est procédé à un second tour. Il est attribué à la liste qui a obtenu le plus de voix un nombre de sièges égal au quart du nombre des sièges à pourvoir, arrondi à l'entier supérieur. En cas d'égalité de suffrages entre les listes arrivées en tête, ces sièges sont attribués à la liste dont les candidats ont la moyenne d'âge la plus élevée. Cette attribution opérée, les autres sièges sont répartis entre toutes les listes à la représentation proportionnelle suivant la règle de la plus forte moyenne, sous réserve de l'application du quatrième alinéa ci-après.

Les listes qui n'ont pas obtenu au moins 5 % des suffrages exprimés ne sont pas admises à la répartition des sièges.

Si plusieurs listes ont la même moyenne pour l'attribution du dernier siège, celui-ci revient à la liste qui a obtenu le plus grand nombre de suffrages. En cas d'égalité de suffrages, le siège est attribué au plus âgé des candidats susceptibles d'être proclamés élus. »

111. **Comment est élu le président du conseil régional ?**

Ce sont les dispositions prévues à l'article L. 4133-1 du CGCT qui précisent que « *le conseil régional élit son président lors de la réunion de droit qui suit chaque renouvellement.*

Pour cette élection, il est présidé par son doyen d'âge, le plus jeune membre faisant fonction de secrétaire. Cette élection ne donne lieu à aucun débat.

Le conseil régional ne peut dans ce cas délibérer que si les deux tiers de ses membres sont présents. Si cette condition n'est pas remplie, la réunion se tient de plein droit trois jours plus tard. La réunion peut alors avoir lieu sans condition de quorum.

Le président est élu à la majorité absolue des membres du conseil régional pour une durée de six ans. Si cette élection n'est pas acquise après les deux premiers tours de scrutin, il est procédé à un troisième tour de scrutin et l'élection a lieu à la majorité relative des membres du conseil régional. En cas d'égalité des voix, l'élection est acquise au bénéfice de l'âge.

Nul ne peut être élu président s'il n'a, préalablement à chaque tour de scrutin, remis aux membres du conseil régional, par l'intermédiaire du doyen d'âge, une déclaration écrite présentant les grandes orientations politiques, économiques et sociales de son action pour la durée de son mandat. »

112. Quelles sont les compétences d'une région ?

Depuis la loi NOTRe de 2015, les compétences de la région sont les suivantes :
- l'aménagement et le développement du territoire ;
- la gestion des lycées ;
- le climat, la qualité de l'air et l'énergie ;
- les modes de transports ;
- le soutien à l'enseignement supérieur et la recherche.

Dans le détail, la région intervient concrètement et de manière très fouillée :
- elle est tout d'abord responsable de la définition des orientations en matière de **développement économique**. À ce titre, l'article L. 1511-2 du CGCT précise que la région élabore un schéma régional de développement économique, d'innovation et d'internationalisation (SRDEII) qui définit notamment « *les orientations en matière d'aides aux entreprises, de soutien à l'internationalisation et d'aides à l'investissement immobilier et à l'innovation des entreprises, ainsi que les orientations relatives à l'attractivité du territoire régional. Il définit les orientations en matière de développement de l'économie sociale et solidaire* ». La région reçoit une compétence exclusive pour définir les régimes d'aides et pour décider de leur octroi aux entreprises dans la région, y compris à des entreprises en difficulté ;
- elle élabore un **schéma régional d'aménagement**, de développement durable et d'égalité des territoires (SRADDET) (art. 4251-1, art. 10 de la loi) ;
- elle gère les **transports régionaux de voyageurs**, notamment ferroviaires (réseau des trains express régionaux, TER), et participe au financement des infrastructures, comme la construction de nouvelles lignes de TGV ;
- elle met en œuvre des actions de **formation professionnelle continue et d'apprentissage**, ce qui inclut l'insertion des jeunes en difficulté et les formations en alternance ;
- elle construit, entretient et fait fonctionner des **lycées d'enseignement général et des lycées et établissements d'enseignement agricole** ;
- elle protège le **patrimoine** ;
- elle développe des **ports maritimes et des aérodromes** ;
- elle met en œuvre un plan régional pour la **qualité de l'air** et le classement des **réserves naturelles** régionales.

5 La Corse

1. Question

113. Comment est organisée la Corse ?

2. Réponse

113. Comment est organisée la Corse ?

Depuis janvier 2018, la Corse est la « collectivité territoriale de Corse ». À ce titre, elle bénéficie d'un statut tout à fait original, qui remplace les deux départements (Corse-du-Sud et Haute-Corse) et l'ancienne collectivité.

Elle s'administre librement (dans les conditions fixées par la loi) et devrait à terme bénéficier d'un alinéa particulier au sein de l'article 72 de la Constitution qui spécifiera le « statut particulier » de la Corse.

Tout ceci est prévu par l'article L. 4421-1 du code général des collectivités territoriales qui prévoit que « *La collectivité de Corse constitue, à compter du 1er janvier 2018, une collectivité à statut particulier au sens de l'article 72 de la Constitution, en lieu et place de la collectivité territoriale de Corse et des départements de Corse-du-Sud et de Haute-Corse.*

Elle s'administre librement, dans les conditions fixées au présent titre et par l'ensemble des autres dispositions législatives relatives aux départements et aux régions non contraires au présent titre.

Pour l'application à la collectivité de Corse du premier alinéa du présent article :

1° Les références au département et à la région sont remplacées par la référence à la collectivité de Corse ;

2° Les références au conseil départemental et au conseil régional sont remplacées par la référence à l'assemblée de Corse ;

3° Les références aux présidents du conseil départemental et du conseil régional sont remplacées par la référence au président du conseil exécutif de Corse ;

4° Les références à la collectivité territoriale de Corse sont remplacées par la référence à la collectivité de Corse. »

L'article L. 4421-3 précise qu'une chambre des territoires est créée en Corse, à Bastia, et qu'elle est composée « *des membres du conseil exécutif de Corse, du président de l'assemblée de Corse et de huit membres de l'assemblée élus en son sein, des présidents des communautés d'agglomération, des maires des communes de 10 000 habitants ou plus, d'un représentant des collectivités territoriales et groupements de collectivités des territoires de montagne, au sens de la loi n° 85-30 du 9 janvier 1985 relative au développement et à la protection de la montagne, de huit représentants élus des présidents des communautés de communes et de huit représentants élus des maires des communes de moins de 10 000 habitants* ». Elle se réunit « *pour échanger des informations, débattre de questions d'intérêt commun, coordonner l'exercice des compétences des collectivités territoriales, notamment en matière d'investissement, et promouvoir la prise en compte de la diversité des territoires dans la définition et la mise en œuvre des politiques publiques* ».

Les organes de la collectivité territoriale de Corse comprennent l'assemblée de Corse et son président, le conseil exécutif de Corse et son président assistés du conseil économique, social, environnemental et culturel de Corse.
L'assemblée de Corse est composée de soixante-trois membres élus pour la même durée que les conseillers régionaux. Ses réunions sont organisées sous forme de deux sessions ordinaires d'une durée maximale de trois mois. « *La première s'ouvre le 1er février. La seconde s'ouvre le 1er septembre. Si ces dates correspondent à un jour férié, l'ouverture de la session a lieu le premier jour ouvrable qui suit. Les sessions sont ouvertes et closes par le président de l'assemblée. Des sessions extraordinaires sont organisées à l'initiative du président du conseil exécutif ou à la demande du tiers des conseillers à l'assemblée* », lors de séances publiques. *L'assemblée permet de régler* « *par ses délibérations les affaires de la Corse. Elle contrôle le conseil exécutif. L'assemblée vote le budget, arrête le compte administratif, adopte le plan d'aménagement et de développement durable de la Corse.* »

S'agissant de son président, le même code précise que « *l'assemblée de Corse procède parmi ses membres à l'élection du conseil exécutif de Corse et de son président* ».

Pour bien saisir cette spécificité, l'article L. 4422-19 précise que « *[l]e conseil exécutif est composé d'un président assisté de dix conseillers exécutifs. Pour l'application de l'ensemble des dispositions instituant les incompatibilités entre certains mandats électoraux ou fonctions électives, les fonctions de président du conseil exécutif de Corse sont assimilées à celles de président d'un conseil régional* ».

6 Les collectivités territoriales d'outre-mer

1. Questions

114. Quels sont les différents types de collectivités territoriales d'outre-mer et comment sont-elles organisées ?

115. Quelles sont les différentes catégories d'élus présents dans une collectivité territoriale d'outre-mer ?

116. Quel est l'avenir des collectivités territoriales d'outre-mer ?

2. Réponses

114. Quels sont les différents types de collectivités territoriales d'outre-mer et comment sont-elles organisées ?

Les collectivités d'outre-mer sont organisées en cinq types différents, tel qu'il en ressort des articles 72 et suivants de la Constitution :

- les collectivités d'outre-mer :
  - Saint-Pierre-et-Miquelon,
  - Wallis-et-Futuna,
  - Polynésie française,
  - Saint-Barthélemy,
  - Saint-Martin ;
- les départements et régions d'outre-mer :
  - Guadeloupe,
  - Réunion,
  - Mayotte.

« *Ces départements et régions d'outre-mer, qui ont un statut dérogatoire, peuvent évoluer en collectivité unique. En l'état, ils peuvent adapter les lois et les règlements, voire y déroger, afin de "tenir compte de leurs caractéristiques et contraintes particulières"* », selon l'article 73 de la Constitution ;

- les collectivités uniques :
  - Guyane,
  - Martinique ;

- les territoires à statuts particuliers :
  - Terres australes et antarctiques françaises (TAAF), qui comprennent l'archipel de Crozet, celui des Kerguelen, les îles Saint-Paul et Amsterdam, la terre Adélie et les îles Éparses (Bassas da india, Europa, Glorieuses, Juan de Nova et Tromelin),
  - Nouvelle-Calédonie : un référendum organisé fin 2018 a débouché sur le *statu quo*. Une nouvelle consultation a été organisée le 4 octobre 2020 pour déterminer l'indépendance ou non de l'île. Elle a débouché sur le refus d'indépendance. Une ultime consultation est prévue en septembre 2022.

Ce dispositif très construit résulte de la révision constitutionnelle du 28 mars 2003 relative à l'organisation décentralisée de la République. La logique qui sous-tend tout cela cherche à « *concilier l'appartenance réaffirmée des outre-mer à la République avec l'existence de régimes juridiques qui tendent vers une diversification accrue* ».

Selon leur type, les collectivités territoriales d'outre-mer sont organisées sur un mode commun ou original, c'est-à-dire dérogatoire. La majorité sont dotées d'organes élus (conseil départemental et/ou régional), et de chefs de l'exécutif (président de département, région ou collectivité).

La plus grande originalité réside dans certaines collectivités ou dans les territoires à statuts particuliers. Par exemple, en Polynésie, un droit spécifique est appliqué. Selon le ministère de l'Intérieur, le droit métropolitain n'est pas directement applicable. La Polynésie dispose de « *certaines catégories d'acte de l'assemblée délibérante intervenant au titre des compétences qu'elle exerce dans le domaine de la loi* » communément appelées « lois du pays ». Ces actes interviennent dans des domaines très larges de la compétence de principe de la Polynésie et ne peuvent être contestés que devant le Conseil d'État et non le tribunal administratif.

S'agissant des Terres australes et antarctiques françaises (TAAF), elles sont dirigées par un administrateur supérieur des Terres australes et antarctiques françaises qui a rang de préfet et de chef de l'exécutif local (comme pour les départements français jusqu'en 1982). Il est assisté d'un conseil consultatif, composé de treize membres répartis par matières. Par ailleurs, les districts qui composent ces territoires sont dirigés par un chef de district qui dispose des pouvoirs équivalents aux maires en matière de police judiciaire et d'état civil.

115. Quelles sont les différentes catégories d'élus présents dans une collectivité territoriale d'outre-mer ?

Les élus présents dans les collectivités d'outre-mer sont de deux ordres :

- soit il s'agit d'élus « égaux » au sein de ces mêmes collectivités, dans les instances « classiques » que sont les conseils départementaux ou régionaux ;
- soit de représentants « nommés » en ce qui concerne les Terres australes et antarctiques françaises (TAAF).

116. Quel est l'avenir des collectivités territoriales d'outre-mer ?

Hormis pour la Nouvelle-Calédonie, dont l'avenir dépendra des résultats du prochain référendum en septembre 2022, il n'y a pas de réformes attendues pour les autres territoires d'outre-mer. Il est cependant intéressant de s'empreindre de ce qu'a indiqué le Sénat sur cette question.

À cet égard, dans un document intitulé « Les DOM, défi pour la République, chance pour la France, 100 propositions pour fonder l'avenir », les sénateurs préconisent un « *service public d'accessibilité des personnes encore à construire* », dans lequel il est dit que la question de la mobilité des ultras marins est importante et mériterait « *un engagement plus fort des services de l'État afin d'ouvrir davantage* » le marché aérien. Il est également question de « *l'approvisionnement régulier et à moindres frais des DOM en matière de biens* », mais également de la continuité numérique, de l'Europe, de la coopération régionale dans l'océan Indien, d'une meilleure coopération institutionnelle en termes d'accords et de représentativité…

Ainsi, si ce n'est pas une transformation institutionnelle à laquelle il faut s'attendre en matière d'avenir pour les collectivités territoriales d'outre-mer, c'est davantage dans le détail de leurs relations et leur niveau de vie que les choses vont changer. Leur démographie et leur attractivité territoriale (notamment dans l'océan Indien) les rendent vulnérables. Elles méritent donc une attention et une protection particulières.

7 Les établissements publics locaux

1. Questions

117. Qu'est-ce qu'un établissement public local ?

118. Les établissements publics locaux sont-ils obligatoires ?

119. Qu'est-ce qu'un CCAS ?

120. Qui dirige le CCAS ?

121. Le CCAS dispose-t-il de la personnalité morale ?

122. Le CCAS dispose-t-il d'un budget et de personnels ?

123. Une commune peut-elle créer une société privée ?

2. Réponses

117. Qu'est-ce qu'un établissement public local ?

Les collectivités territoriales peuvent créer des établissements publics locaux afin de gérer certaines missions de service public, en leur lieu et place.

Un établissement public local est un établissement public. Par conséquent, il s'agit d'une personne morale qui relève du droit public et qui dispose d'une autonomie administrative et financière pour accomplir une mission d'intérêt général. Sur ce point, le Conseil d'État précise que leur création relève de la compétence des organes délibérants des personnes publiques locales. De plus, dans les régions, les départements, les communes de plus de 10 000 habitants, les établissements de coopération intercommunale (EPCI) de plus de 50 000 habitants et les syndicats mixtes comprenant au moins une commune de plus de 10 000 habitants, « *la création d'une régie dotée de l'autonomie financière doit être soumise pour avis à la commission consultative des services publics locaux prévue à l'article L. 1413-1 du CGCT* ».

Le CGCT précise également que « *la délibération créant l'établissement public doit déterminer son organisation administrative et financière et prévoir notamment, en application de l'article R. 2221-1 du CGCT, les statuts et le montant de la dotation initiale de la régie. L'entrée en vigueur de la délibération est conditionnée au respect des mesures de publicité requises par les textes, et à sa transmission au représentant de l'État* ».

Ces établissements, placés sous la tutelle administrative des collectivités, sont créés par un acte réglementaire (décret ou délibération de l'organe délibérant, le plus souvent) qui définit leurs missions, leurs organes et leur mode de gestion. Ils sont gérés par un conseil d'administration et une équipe de direction (où l'on retrouve des élus municipaux et une partie du personnel communal en détachement ou mis à disposition).

Il existe plus de 20 000 établissements publics locaux, dont les grandes catégories sont les suivantes :

- **les centres communaux d'action sociale** (CCAS), estimés à plus de 2 700, dont les missions sont relatives à l'aide sociale, aux actions d'animation socio-éducatives, aux actions de prévention de la délinquance, etc. ;
- **les caisses des écoles** (près de 3 500) qui ont pour missions diverses actions de réussite éducative et d'accueil des élèves, dont la restauration scolaire ;
- **les régies personnalisées** (près de 300), qui peuvent être en charge des ordures ménagères, de l'assainissement, de l'énergie, etc. ;
- **les services départementaux d'incendie et de secours** (SDIS) ;
- **les centres de gestion** de la fonction publique territoriale (CDG – près d'une centaine) ;
- **les établissements publics locaux d'enseignement** (EPLE), cogérés avec l'État (les rectorats), concernant l'enseignement secondaire (collèges et lycées) ;
- **les offices publics de l'habitat** (OPH), en vue de la construction et la gestion de logements sociaux ;
- certains établissements publics de santé (centres municipaux de santé – CMS, maisons de retraite, soins aux personnes, etc.).

Il arrive que les EPCI créent des établissements publics : les centres intercommunaux d'action sociale (CIAS) par exemple.

118. Les établissements publics locaux sont-ils obligatoires ?

La réponse à la question de l'obligation de création d'un établissement public local est simple : les collectivités territoriales n'ont aucune obligation en la matière. En effet, l'article 72 de la Constitution pose le principe de libre administration des collectivités territoriales. Celles-ci peuvent ainsi, en toute légalité, gérer comme elles l'entendent leurs services publics, c'est-à-dire assurer directement leurs missions en matière sociale, scolaire, d'aménagement… On dit alors qu'elles assurent ces services « en régie ».

En revanche, certaines compétences ne peuvent être gérées que par les collectivités territoriales. C'est ce qu'indique le législateur ou le juge administratif. Il s'agit des compétences exercées au nom de l'État (état civil, élections, recensement, etc.), ou celles en lien avec un pouvoir régalien appartenant au maire ou au président de la collectivité territoriale, comme la police, la sécurité, etc.

Il convient de regarder dans le détail pour s'apercevoir, par exemple, qu'une commune peut confier à une entreprise privée la fourniture ou la préparation des repas, mais la

surveillance des élèves est une mission qui relève du service public de l'enseignement et ne peut être déléguée.
Par ailleurs, une collectivité territoriale ne pourra créer un établissement public que si le législateur l'a autorisée. C'est le cas pour les CCAS, les centres sociaux et médico-sociaux, les caisses des écoles, les caisses de crédit municipal, les établissements publics de coopération culturelle, les services départementaux d'incendie et de secours, les agences départementales et, bien sûr, les diverses catégories d'établissements publics de coopération intercommunale, interdépartementale ou interrégionale. Aucun autre type d'établissement public que ceux institués par la loi ne peut être créé par une commune.

119. Qu'est-ce qu'un CCAS ?

Un centre communal d'action sociale est un établissement public local (CCAS). Dans l'histoire récente, les missions actuellement dévolues aux CCAS ont été largement développées après la Seconde Guerre mondiale. Jusqu'en 1953, elles étaient gérées par deux instances, les bureaux de bienfaisance, d'une part, et les bureaux d'assistance, d'autre part. Dès 1953, ces deux structures ont fusionné pour donner naissance aux « bureaux d'aide sociale », qui, dans le cadre des lois relatives à la décentralisation des années 1980, ont donné naissance, en 1986, aux CCAS.
Un centre communal d'action sociale est « *responsable de l'aide sociale extralégale ou facultative allouée par les communes. La compétence générale des communes dans ce domaine est définie par une convention conclue entre le département (responsable de l'aide légale) et le CCAS* ».
Par ailleurs, à l'heure des regroupements des communes au sein des EPCI, quand le CCAS est commun à plusieurs communes, il se dénomme « centre intercommunal d'action sociale » (CIAS).
Leurs missions sont vastes. En charge de l'aide sociale et de la mise en œuvre des dispositifs législatifs sur les territoires, les CCAS ont pour mission de :

- accompagner les usagers pour obtenir l'aide sociale la plus adaptée (il pourra s'agir de l'aide sociale à l'hébergement, l'allocation personnalisée d'autonomie, les aides au maintien à domicile, etc.) ;
- aider les usagers à formuler leurs demandes financières et à transmettre ces demandes aux départements, qui sont les chefs de file de l'aide sociale ;
- aider à la lutte contre l'exclusion et la pauvreté ;
- mettre en œuvre les structures locales sociales comme les crèches, dispensaires, services d'aide aux handicapés, etc. ;
- mettre en place des systèmes d'aide d'urgence pour les administrés.

120. Qui dirige le CCAS ?

Les CCAS sont tous organisés de la même façon : ils disposent d'un conseil d'administration, composé de membres élus par le conseil municipal, de façon à assurer à l'opposition la possibilité d'y siéger, et de membres nommés par le maire. Parmi ceux-ci, doivent figurer des représentants des personnes qualifiées dans les secteurs sociaux suivants :

- associations familiales ;
- personnes handicapées ;
- personnes âgées ;
- associations du domaine de l'insertion et de la lutte contre l'exclusion.

En général, c'est le maire, ou son adjoint en charge des affaires sociales, qui préside le CCAS.

121. Le CCAS dispose-t-il de la personnalité morale ?

Le CCAS étant doté du statut de personne morale de droit public, il dispose de la personnalité morale. Cela signifie qu'il peut contracter librement et est responsable de ses actes.

122. Le CCAS dispose-t-il d'un budget et de personnels ?

Les CCAS disposent d'un budget ainsi que de biens et personnels propres. Ce sont les attributs « classiques » des établissements publics.

Les recettes sont variées : dotation de la collectivité territoriale, subventions du département, participation des usagers. Dans ce cas, la comptabilité (c'est-à-dire le budget de l'établissement) doit faire figurer ces éléments (bien souvent, ce sont des conventions avec la commune qui régissent ces aspects).

On peut relever la présence d'agents contractuels (dans ce cas-là, c'est le directeur du CCAS qui contractera) ou d'agents titulaires (qui seront en situation de détachement ou de mise à disposition).

123. Une commune peut-elle créer une société privée ?

La question de la participation d'une commune à une société privée est définie par le CGCT.

Celui-ci pose à son article L. 2253-1, en premier lieu, une interdiction générale de « *[...] toutes participations d'une commune dans le capital d'une société commerciale et de tout autre organisme à but lucratif n'ayant pas pour objet d'exploiter les services communaux ou des activités d'intérêt général dans les conditions prévues à l'article L. 2253-2* ».

Cependant, des dérogations sont possibles et définies dans le même article, comme suit : « *[...] les communes et leurs groupements peuvent, par délibération de leurs organes délibérants, participer au capital d'une société anonyme ou d'une société par actions simplifiées dont l'objet social est la production d'énergies renouvelables par des installations situées sur leur territoire ou sur des territoires situés à proximité et participant à l'approvisionnement énergétique de leur territoire* ».

La ville de Paris peut par ailleurs « *souscrire de plein droit des parts dans un fonds commun de placement à risques à vocation locale ayant pour objet d'apporter des fonds propres à des entreprises concourant à la protection du climat, à la qualité de l'air et de l'énergie, à l'amélioration de l'efficacité énergétique, au retraitement des déchets et au développement des énergies renouvelables et des mobilités durables* ».

À ces premières dérogations se sont ajoutées les possibilités de créer des sociétés d'économie mixte locales ou encore de « *[...] détenir des obligations des sociétés chargées d'exploiter des services publics communaux à caractère industriel et commercial* ».

Dans tous les cas, le CGCT précise bien que « *lorsque, dans une société anonyme, une commune a la qualité de membre ou de président du conseil d'administration, de membre du directoire, de membre ou de président du conseil de surveillance, la responsabilité civile résultant de l'exercice du mandat des représentants de la commune incombe à la commune et non à ces représentants* ».

Plus concrètement, elles peuvent créer dans ce cadre plusieurs structure, dont les principales sont les suivantes :

- **les groupements d'intérêt public (GIP)** : créés en 1982, leur objectif premier était de proposer un cadre souple, pour éviter aux collectivités territoriales et aux établissements publics de fonder des associations de droit privé (qui avaient parfois débouché sur des marchés publics frauduleux et des affaires de financement occulte). Il s'est rapidement avéré que ces GIP permettaient de se dispenser de certaines règles contraignantes liées aux services publics, mais qu'en revanche, ils étaient difficiles à créer et nécessitaient un suivi très précis. Le GIP doit permettre à des acteurs privés et publics de mettre en commun des « *moyens pour la mise en œuvre de missions d'intérêt général* ». Après quelques errements juridiques, les GIP sont à présent régis par une loi de 2011 qui unifie leur modèle et leurs règles de création et d'organisation. Il peut s'agir de construction et de gestion d'habitat, de centres de recherche universitaire, de parcs naturels, d'institut de cancer ou bien encore de sécurité routière... ;
- **les sociétés d'économie mixte (SEM)** : le législateur a autorisé depuis plusieurs années (surtout depuis le grand mouvement de la décentralisation des années 1980) l'État et les collectivités territoriales à créer des entités privées et publiques dénommées société d'économie mixte (SEM). C'est l'article L. 1521-1 du code général des collectivités territoriales qui permet à ces personnes morales de droit public, de concert avec au moins une personne privée, de créer une telle société pour exploiter des services publics à caractère industriel ou commercial, ou pour toute autre activité d'intérêt général. Elles peuvent ainsi « *[...] réaliser des opérations de conception, réalisation, entretien ou maintenance ainsi que, le cas échéant, de financement d'équipements hospitaliers ou médico-sociaux pour les besoins d'un établissement de santé, d'un établissement social ou médico-social ou d'un groupement de coopération sanitaire* ». Il s'agira alors d'une société

anonyme dont le capital social apporté par la ou les collectivités territoriales ne doit pas être supérieur à 85 % du capital total. Il en existe plus de mille en France, employant près de 50 000 personnes et réalisant un chiffre d'affaires supérieur à 10 milliards d'euros annuels. Elles s'occupent de transport, d'autoroutes, de parkings, d'immobilier, etc. Pour ce faire, la seule contrainte est que « *l'objet social de cette EPL comprenne au moins une de leurs compétences* » (c'est ce qui ressort de la loi 2019-463 du 17 mai 2019 tendant à sécuriser l'actionnariat des entreprises publiques locales) ;

- **les sociétés publiques locales (SPL)** : il s'agit d'une société dont les seuls propriétaires, à la différence des sociétés d'économie mixte (SEM), sont des collectivités territoriales. Elles peuvent par exemple mettre en œuvre une politique locale de l'habitat, acquérir ou céder des immeubles, gérer des SPIC, des SPA, etc. Organisées sous forme de société anonyme (dépendant donc du code de commerce), elles permettent aux collectivités territoriales d'être dispensées des procédures de mise en concurrence liées aux marchés publics. On peut ajouter que la rigidité de l'emploi public est écartée dans ce cas, tout en permettant aux collectivités territoriales d'exercer leurs missions de service public. Pour ce faire, la seule contrainte est que « *l'objet social de cette EPL comprenne au moins une de leurs compétences* », comme indiqué précédemment pour les SEM. Au final, c'est l'usager qui profite de ces dispositifs quand les prix sont réduits (pour des biens culturels, l'eau potable, etc.) et la qualité du service public assurée ;
- **les sociétés coopératives d'intérêt collectif (SCIC)** : créée en 2001, la SCIC participe à la promotion de valeurs collectives et vise toujours un double objectif : l'efficacité économique et la dimension sociale. Elle est organisée comme la SPL, sous forme de société anonyme, et c'est le préfet qui surveille les participations des collectivités territoriales qui sont, elles, limitées à 20 % et décidées par délibération de l'organe délibérant. Il s'agira toujours de répondre « *à un besoin d'intérêt général qui n'est pas satisfait ou qui vise à intervenir en dessous du prix du marché* ».

PARTIE IV

Les compétences des collectivités territoriales

42 questions

1 Les missions et les compétences des collectivités territoriales

1. Questions

124. Quelles sont les compétences refusées aux collectivités territoriales ?

125. Peut-il y avoir transfert de compétences entre collectivités territoriales ?

126. Qu'est-ce que la démocratie de proximité ?

2. Réponses

124. Quelles sont les compétences refusées aux collectivités territoriales ?

Les collectivités territoriales disposent soit de compétences propres (ce sont les départements et les régions qui sont concernées), soit d'une clause de compétence générale (ce sont les communes). Cette clause de compétence générale est cependant réduite au territoire local, ce qui signifie que les communes ne peuvent sortir du champ territorial et empiéter sur les compétences exclusives de l'État. Une commune, par conséquent, ne peut disposer de compétences liées aux relations diplomatiques, à la monnaie, à la sécurité extérieure du pays (l'armée) et intérieure à l'échelon national.
En dehors de ces règles de bon sens, seules les communes peuvent s'approprier toutes les compétences en lien avec leur territoire.

125. Peut-il y avoir transfert de compétences entre collectivités territoriales ?

Le transfert de compétences entre collectivités territoriales est possible, voire incité. Il peut avoir lieu de deux manières différentes :

- **horizontalement** : deux collectivités d'une même catégorie peuvent se confier et gérer, par voie conventionnelle ou sous forme de délibérations conjointes, des compétences. Cela peut concerner la gestion du domaine public, d'une école, d'un service public « autorisé » (les pouvoirs du maire en matière de police ne sont pas concernés) ;
- **verticalement** : les EPCI répondent à ces objectifs de transferts de compétences entre communes. Que ce soit les premiers établissements créés dès 1890 (SIVU ou SIVOM), ou plus tard, l'ensemble de toutes les structures existantes. C'est d'ailleurs ce que précise le CGCT à l'article L. 5111-1 : « *Les collectivités territoriales peuvent s'associer pour l'exercice de leurs compétences en créant des organismes publics de coopération dans les*

formes et conditions prévues par la législation en vigueur. » Il convient de rajouter que ce transfert de compétence entraîne le dessaisissement de la commune dans ce domaine de compétence.

Avec la loi 3DS (cf. Question 20), « *les départements et les métropoles pourront se voir confier les tronçons de routes nationales liés aux réseaux routiers dont ils ont déjà la responsabilité. Les objectifs de production de logement social de la loi SRU applicables aux communes seront pérennisés tout en prenant davantage en compte les réalités locales. La prise en charge du financement du RSA par l'État sera expérimentée dans les départements volontaires, ce qui permettra de dégager des moyens nouveaux au profit de la politique d'insertion* ».

126. Qu'est-ce que la démocratie de proximité ?

La démocratie, qui est l'exercice du pouvoir par le peuple, s'exerce de différentes manières. **Sur le plan national**, elle a lieu par l'intermédiaire des représentants des électeurs, que sont les parlementaires. Elle a lieu également par la position qu'occupe le président de la République.

Sur le plan local, elle s'organise par le biais des élus locaux, qui sont près d'un demi-million. Ces derniers, élus par les électeurs du territoire, sont le lien direct entre l'électeur et le pouvoir.

Ces deux biais ont cependant montré leurs faiblesses et leurs limites. Aussi, depuis près de vingt ans, la démocratie de proximité s'est développée pour donner aux habitants un pouvoir supplémentaire.

Elle est passée par le rapport qu'ont les citoyens avec leurs services publics locaux. Deux éléments constituent la démocratie de proximité : l'information et la concertation.

L'information est à présent un droit significatif pour le citoyen : c'est la connaissance des documents administratifs, telle qu'elle s'est développée avec la Commission d'accès aux documents administratifs (CADA). C'est aussi l'accès à l'action menée par les collectivités territoriales au sein de leurs instances décisoires, comme le conseil municipal ;

La concertation : elle a lieu, par exemple, en matière d'urbanisme. En effet, le citoyen est sollicité dès que les documents d'urbanisme sont en cours d'élaboration ou d'évolution. Des enquêtes publiques sont mises en œuvre pour associer la population à la collectivité qui procède à la modification de ses documents d'urbanisme.

Par ailleurs, le législateur est venu renforcer l'outillage législatif. En 2002, la loi du 27 février a modifié le CGCT. À cet effet, la participation des habitants à la vie locale a été inscrite aux articles L. 2143-1 et L. 2143-2, par la création des **conseils de quartier** et des **comités consultatifs** :

- « *Dans les communes de 80 000 habitants et plus, le conseil municipal fixe le périmètre de chacun des quartiers constituant la commune. Chacun d'eux est doté d'un conseil de quartier dont le conseil municipal fixe la dénomination, la composition et les modalités de fonctionnement. Les conseils de quartier peuvent être consultés par le maire et peuvent lui faire des propositions sur toute question concernant le quartier ou la ville. Le maire peut les associer à l'élaboration, à la mise en œuvre et à l'évaluation des actions intéressant le quartier, en particulier celles menées au titre de la politique de la ville. Le conseil municipal peut affecter aux conseils de quartier un local et leur allouer chaque année des crédits pour leur fonctionnement. Les communes dont la population est comprise entre 20 000 et 79 999 habitants peuvent appliquer les présentes dispositions. Dans ce cas, les articles L. 2122-2-1 et L. 2122-18-1 s'appliquent* » ;

- « *Le conseil municipal peut créer des comités consultatifs sur tout problème d'intérêt communal concernant tout ou partie du territoire de la commune. Ces comités comprennent des personnes qui peuvent ne pas appartenir au conseil, notamment des représentants des associations locales. Sur proposition du maire, il en fixe la composition pour une durée qui ne peut excéder celle du mandat municipal en cours. Chaque comité est présidé par un membre du conseil municipal, désigné par le maire. Les comités peuvent être consultés par le maire sur toute question ou projet intéressant les services publics et équipements de proximité et entrant dans le domaine d'activité des associations membres du comité. Ils peuvent par ailleurs transmettre au maire toute proposition concernant tout problème d'intérêt communal pour lequel ils ont été institués.* »

Le constituant, enfin, par la réforme de 2003 concernant la décentralisation, a également investi la question de la démocratie de proximité : « *La loi fixe les conditions dans lesquelles les électeurs de chaque collectivité territoriale peuvent, par l'exercice du droit de pétition, demander l'inscription à l'ordre du jour de l'assemblée délibérante de cette collectivité d'une question relevant de sa compétence.*

Dans les conditions prévues par la loi organique, les projets de délibération ou d'acte relevant de la compétence d'une collectivité territoriale peuvent, à son initiative, être soumis, par la voie du référendum, à la décision des électeurs de cette collectivité.

Lorsqu'il est envisagé de créer une collectivité territoriale dotée d'un statut particulier ou de modifier son organisation, il peut être décidé par la loi de consulter les électeurs inscrits dans les collectivités intéressées. La modification des limites des collectivités territoriales peut également donner lieu à la consultation des électeurs dans les conditions prévues par la loi. »

Les quatre procédures innovantes suivantes découlent ainsi de ce texte :

- le référendum local ;
- le droit de pétition des citoyens ;
- les consultations locales facultatives ;
- les consultations obligatoires, concernant certaines collectivités d'outre-mer.

2 Les questions sociales

1. Questions

127. Quelles collectivités territoriales sont en charge des questions sociales ?

128. Que font exactement les communes en matière sociale ?

129. Que font exactement les départements en matière sociale ?

2. Réponses

127. Quelles collectivités territoriales sont en charge des questions sociales ?

Les collectivités territoriales sont essentielles en matière de politiques sociales (action sociale, revenu de solidarité active, aide sociale à l'enfance, protection maternelle et infantile, formation professionnelle…) et médico-sociales (protection générale de la santé publique et de l'environnement, devoir d'alerte sanitaire…).

L'action sociale prend pour l'essentiel trois formes différentes :

- l'attribution de prestations en espèces ou en nature (aides financières, CESU, prêts remboursables ou non, aides alimentaires…) ;
- l'octroi d'avantages tarifaires dans l'accès aux services publics (transports, cantines scolaires, centres de loisirs, musées…) ;
- la mise en place de structures collectives d'accueil (structures d'accueil de la petite enfance, établissements sociaux et médico-sociaux) ou rendant des services à domicile (portage de repas, services de téléalarme…).

C'est finalement la loi du 7 août 2015 portant nouvelle organisation territoriale de la République – dite loi NOTRe qui est venue confirmer le rôle fondamental du département en matière d'action sociale, puisqu'elle est chef de file dans ce domaine.

Cependant, le département n'est pas le seul acteur au cœur du dispositif social. Les communes, les régions et l'État ont aussi un rôle à jouer. C'est ainsi que la région dispose d'une compétence de planification s'agissant de l'élaboration du schéma régional des formations sociales, de l'agrément des établissements dispensant des formations initiales et de leur financement. De même, la formation des personnels paramédicaux est également transférée aux régions.

Quant à l'État, il conserve son pouvoir de réglementation générale, de définition de la politique sociale et demeure compétent quant à la détermination des conditions tarifaires et légales d'accès des bénéficiaires. Il gère aussi le droit au logement (instituant le droit au logement opposable dit DALO), la police administrative en matière de santé, etc.

Avec la loi 3DS, l'État pourra gérer le versement de certaines aides, comme le RSA, *via* une expérimentation menée contractuellement entre le département et les services préfectoraux compétents (cf. Question 20).

128. Que font exactement les communes en matière sociale ?

Les communes continuent à exercer leurs compétences en y ajoutant le « développement social » à travers les centres communaux ou intercommunaux d'action sociale (CCAS).
La commune est ainsi responsable :

- de l'aide à l'enfance et à la famille (elle participe aux actions de prévention et à la politique de la ville et finance les équipements à destination des jeunes et des familles) ;
- de l'aide aux handicapés en favorisant les conditions d'accès aux lieux publics ;
- de l'aide aux personnes âgées en gérant les maisons de retraite communales, en cofinançant l'aide sociale et en développant l'animation à destination de ces personnes ;
- de l'aide à l'insertion et au développement social ;
- de la prévention et promotion de la santé.

Elles sont en « interaction » avec les départements sur ces questions, *via* de nombreux dispositifs de planification et d'aides financières (notamment grâce aux subventions).

129. Que font exactement les départements en matière sociale ?

Le département dispose d'une compétence de droit commun de gestion et de pilotage de l'aide et de l'action sociale. À ce titre, il est responsable :

- **de l'aide sociale à l'enfance** (agrément des assistantes maternelles, prévention et mise en place d'un dispositif maltraitance, missions sociales de PMI, gestion du fonds d'aide aux jeunes...) ;
- **de l'aide aux personnes handicapées adultes** (aide à domicile, allocation compensatrice pour tierce personne...) ;
- **de l'aide aux personnes** (versement de la prestation compensation handicap, des prestations d'aide au maintien à domicile et notamment l'aide-ménagère...) ;
- **de l'aide aux personnes âgées** (établissements d'hébergement, schéma gérontologique, financement de l'allocation personnalisée à l'autonomie à domicile et en établissement...) ;
- **de l'insertion et du développement social** (par la loi n° 2008-1249 du 1er décembre 2008 généralisant le revenu de solidarité active et réformant les politiques d'insertion en vigueur à compter du 1er juin 2009 (art. L. 262-1 à L. 262-58 du CASF), le fonds de solidarité logement, la politique de la ville relevant de sa compétence...).

Les prestations d'aide sociale légale versées par les départements regroupent :

- le revenu de solidarité active (RSA) ;
- l'aide sociale aux personnes âgées (aide à l'hébergement, aide à domicile, APA) ;
- l'aide sociale aux personnes handicapées (aide à l'hébergement, aide à domicile, ACTP, PCH) ;
- l'aide sociale à l'enfance (accueil d'enfants et actions éducatives).

Ces dispositifs très onéreux représentent la plus grande part de dépense des départements et le cœur de leurs actions.

3 Les questions liées au logement

1. Questions

130. Qui gère le logement public dans les territoires ?

131. Qu'est-ce qu'un OPH ?

132. Comment est géré un OPH ?

133. Existe-t-il d'autres organismes en charge du logement que les OPH ?

134. Les communes peuvent-elles aider les copropriétés privées ?

2. Réponses

130. Qui gère le logement public dans les territoires ?

Le logement, depuis l'après-guerre, est au cœur des dispositifs territoriaux en matière d'aide sociale et d'égalité. Il est le fruit d'une politique nationale que le législateur a pour mission « d'équilibrer ». Les répercussions sont nombreuses lorsque sont construits des logements : tout d'abord, c'est le secteur du bâtiment qui est impacté. Ensuite, la question de la dépense puis le rôle que joue chaque acteur territorial sont décisifs. À ce titre, les collectivités territoriales occupent une place déterminante.

Les communes, tout d'abord, qui ont la main sur le droit des sols et la rénovation urbaine, notamment avec l'Agence nationale de rénovation urbaine (ANRU).

Les regroupements de communes (EPCI), ensuite, mettent en œuvre le Programme local de l'habitat (PLH). C'est le « *principal document stratégique de programmation en matière de politique du logement* ». Il est relatif à toute la politique locale de l'habitat et est obligatoire pour :

- les métropoles ;
- les communautés urbaines ;
- les communautés d'agglomération ;
- les communautés de communes compétentes en matière d'habitat de plus de 30 000 habitants, comprenant au moins une commune de plus de 10 000 habitants.

Sur ce plan, depuis la loi pour l'Accès au logement et un urbanisme rénové (ALUR) de 2014, les EPCI sont compétents sur les questions de Plan local d'urbanisme (PLU) et de PLH.

Les EPCI sous forme de métropoles peuvent, de surcroît, conventionner avec l'État afin que ce dernier leur délègue des matières supplémentaires comme :

- l'attribution des aides à la pierre ;
- la garantie du droit au logement opposable (DALO) et, pour exercer cette garantie, les réservations de logement dont le préfet dispose ;
- la procédure de réquisition de locaux avec attributaire ;
- la gestion de la veille sociale, de l'accueil, de l'hébergement et de l'accompagnement au logement de toute personne ou famille sans domicile ou éprouvant des difficultés particulières d'accès au logement.

Les départements, dans le cadre de leurs compétences « sociales », interviennent dans le champ du logement *via* l'aide apportée aux populations fragiles (jeunes, personnes âgées…), mais également dans les dispositifs mettant en œuvre le Plan départemental d'action pour le logement des personnes défavorisées (PDALPD) ou le Fonds de solidarité pour le logement (FSL), qui vise à accorder des aides financières.

Les régions quant à elles ont dans leur champ de compétence la promotion et le soutien de l'accès au logement et à l'amélioration de l'habitat. Il s'agit, essentiellement, d'une aide financière et de pilotage des principaux acteurs locaux, *via* notamment le Comité régional de l'habitat et de l'hébergement (CRHH).

131. Qu'est-ce qu'un OPH ?

Les OPH sont les offices publics d'habitats. Ils ont succédé aux offices publics de HLM (OPHLM) et aux offices publics d'aménagement et de construction (OPAC). Ce sont surtout les dispositions de l'ordonnance n° 2007-137 du 1er février 2007 qui ont fondé les règles applicables aux OPH et versées celles-ci au sein du code de la construction et de l'habitation. Ils font partie d'un ensemble plus vaste que sont les organismes d'habitation à loyer modéré (cf. Question 133).

Les OPH sont créés par les communes, EPCI, conseils départementaux, ou même par des établissements publics locaux. Ce sont des établissements publics industriels et commerciaux (EPIC : c'est-à-dire que s'ils ont des missions de service public, ils sont régis par le droit privé et leurs personnels sont soumis aux règles du droit du travail, à l'exception de leur directeur et de leur comptable).

Les OPH peuvent intervenir sur plusieurs territoires et disposent des compétences suivantes (article L. 421-1 du code de la construction et de l'habitation) :

- réaliser pour leur compte ou pour le compte de tiers, avec l'accord des collectivités ou communautés intéressées, toutes les interventions foncières, les actions ou opérations d'aménagement prévues par le code de l'urbanisme… ;
- gérer les immeubles à usage principal d'habitation… ;
- réaliser, en qualité de prestataire de services, des opérations portant sur tout immeuble à usage principal d'habitation. Ils peuvent également réaliser des prestations de services pour le compte de syndicats de copropriétaires d'immeubles faisant l'objet d'un plan de sauvegarde… ;

- réaliser, rénover ou acquérir et améliorer, en complément de leur activité locative, en vue de leur vente à des personnes physiques à titre de résidences principales, des logements destinés à des personnes de ressources modestes… ;
- construire, acquérir, réaliser des travaux, gérer des immeubles à usage d'habitation ou à usage professionnel et d'habitation en vue de leur location-accession ;
- acquérir et donner en location à des organismes bénéficiant de l'agrément relatif à l'intermédiation locative et la gestion locative sociale prévu à l'article L. 365-4 des hôtels, meublés ou non, destinés à l'hébergement temporaire de personnes en difficulté ;
- construire ou acquérir, aménager, entretenir, gérer ou donner en gestion à des personnes physiques ou à des personnes morales des résidences hôtelières à vocation sociale prévues à l'article L. 631-11 ou de prendre des parts dans des sociétés civiles immobilières ayant ce même objet et de pouvoir assurer leur gérance le cas échéant, aux côtés d'opérateurs privés.

Le même article prévoit également que « *les offices publics de l'habitat ont aussi pour objet de créer des filiales qui auront pour seul objet de construire, d'acquérir et de gérer des logements locatifs intermédiaires* ».

Ce sont les articles L. 411 et suivants, du code de la construction et de l'habitation, qui régissent ces questions : « *La construction, l'aménagement, l'attribution et la gestion des logements locatifs sociaux visent à améliorer les conditions d'habitat des personnes de ressources modestes ou défavorisées. Ces opérations participent à la mise en œuvre du droit au logement et contribuent à la nécessaire mixité sociale des villes et des quartiers.* »

132. Comment est géré un OPH ?

Les OPH sont dirigés par un conseil d'administration et un président élu par les membres du conseil d'administration, comme tous les établissements publics :

- **une assemblée délibérante** (appelée le plus souvent conseil d'administration) fixe les grandes orientations. Elle est composée de représentants de la collectivité territoriale, de personnes qualifiées, de représentants d'association, de locataires, de représentants du personnel de l'OPH ;
- **une personne est chargée de l'administration au quotidien** : selon les cas, c'est le président du conseil d'administration ou un directeur ou directeur général ne faisant pas partie, sauf à titre consultatif, de l'assemblée délibérante.

133. Existe-t-il d'autres organismes en charge du logement que les OPH ?

Il existe d'autres entités en charge du logement. Elles sont listées aux articles L. 411 et suivants du code de la construction et de l'habitation. Il s'agit des :

- sociétés anonymes d'habitations à loyer modéré ;
- sociétés anonymes coopératives de production et les sociétés anonymes coopératives d'intérêt collectif d'habitations à loyer modéré ;

- fondations d'habitations à loyer modéré ;
- sociétés de coordination mentionnées à l'article L. 423-1-2 ;
- sociétés de vente d'habitations à loyer modéré mentionnées à l'article L. 422-4.

134. Les communes peuvent-elles aider les copropriétés privées ?

La question de la bonne gestion des propriétés privées, longtemps restée externe aux collectivités territoriales, a depuis quelques années fait l'objet de dispositif d'aides étendus. Touchés par des syndicats de propriétaires incapables d'assurer des dépenses de base en termes de sécurité, les maires de nombreuses villes ont été autorisés à intervenir. Pour ce faire, c'est l'article L. 421-1 du code de la construction et de l'habitation qui donne aux offices publics de l'habitat des pouvoirs en la matière.

C'est ainsi qu'ils peuvent « *[...] réaliser des prestations de services pour le compte de syndicats de copropriétaires d'immeubles faisant l'objet d'un plan de sauvegarde en application de l'article L. 615-1 ou situés dans le périmètre défini pour une opération programmée d'amélioration de l'habitat visée à l'article L. 303-1 ou situés dans le périmètre d'opérations de requalification de copropriétés dégradées prévues à l'article L. 741-1* ».

Cette disposition est tout à fait significative pour les communes composées d'ensembles d'immeubles privés, mais dont la plupart des résidents, qu'ils soient propriétaires ou locataires, ne participent plus ou pas à la gestion de leurs copropriétés. Cela a permis de sortir de la ghettoïsation nombre de quartiers.

La réglementation actuelle et à venir est en lien avec l'Agence nationale de l'habitat (ANAH) et permet à l'État d'être également un acteur majeur en matière d'aide aux copropriétés privées, en accompagnement des différents acteurs locaux que sont les collectivités territoriales.

4 Les questions liées aux pouvoirs de police

1. Questions

135. Quels sont les pouvoirs de police dont dispose le maire ?

136. Le maire peut-il déléguer ses pouvoirs de police et à qui ?

137. Qu'est-ce que la police municipale ?

138. Comment est organisée la police municipale ?

139. Quels sont les pouvoirs et les armes dont disposent les policiers municipaux ?

140. Quelle est la différence entre la police nationale et la police municipale ?

2. Réponses

135. Quels sont les pouvoirs de police dont dispose le maire ?

C'est le CGCT, par son article L. 2212-1, qui précise les pouvoirs de police du maire : « *Le maire est chargé, sous le contrôle administratif du représentant de l'État dans le département, de la police municipale, de la police rurale et de l'exécution des actes de l'État qui y sont relatifs.* »

Il convient cependant de présenter le distinguo entre police générale et police spéciale, le maire disposant des deux pouvoirs :

- **la police générale** vise à maintenir l'ordre public. Il s'agit par exemple de prévenir les mouvements de foule, de troubles matériels liés à un événement comme un film qui paraîtrait immoral. Elle se décompose en trois éléments : la sécurité, la salubrité et la tranquillité. Le Conseil d'État y intègre également le respect de la dignité de la personne humaine ;
- **la police spéciale**, elle, déroge à la police générale et trouve son origine dans la loi. Le législateur confie ainsi à différentes autorités nommément désignées des pouvoirs de police administrative liés à des points très précis (un maire, un préfet, un ministre par exemple). Il peut s'agir de la police des monuments historiques ou de la concurrence, ou bien encore celle concernant les lieux de transport comme les gares et les aéroports. Elle concerne également le droit des étrangers, les bâtiments menaçant ruine, les cimetières, les baignades, les animaux dangereux et errants…

Sur ce fondement, la police générale du maire est définie à l'article L. 2212-2 : « *La police municipale a pour objet d'assurer le bon ordre, la sûreté, la sécurité et la salubrité publiques. Elle comprend notamment :*

1° Tout ce qui intéresse la sûreté et la commodité du passage dans les rues, quais, places et voies publiques, ce qui comprend le nettoiement, l'éclairage, l'enlèvement des encombrements, la démolition ou la réparation des édifices et monuments funéraires menaçant ruine, l'interdiction de rien exposer aux fenêtres ou autres parties des édifices qui puisse nuire par sa chute ou celle de rien jeter qui puisse endommager les passants ou causer des exhalaisons nuisibles ainsi que le soin de réprimer les dépôts, déversements, déjections, projections de toute matière ou objet de nature à nuire, en quelque manière que ce soit, à la sûreté ou à la commodité du passage ou à la propreté des voies susmentionnées ;

2° Le soin de réprimer les atteintes à la tranquillité publique telles que les rixes et disputes accompagnées d'ameutement dans les rues, le tumulte excité dans les lieux d'assemblée publique, les attroupements, les bruits, les troubles de voisinage, les rassemblements nocturnes qui troublent le repos des habitants et tous actes de nature à compromettre la tranquillité publique ;

3° Le maintien du bon ordre dans les endroits où il se fait de grands rassemblements d'hommes, tels que les foires, marchés, réjouissances et cérémonies publiques, spectacles, jeux, cafés, églises et autres lieux publics ;

4° L'inspection sur la fidélité du débit des denrées qui se vendent au poids ou à la mesure et sur la salubrité des comestibles exposés en vue de la vente ;

5° Le soin de prévenir, par des précautions convenables, et de faire cesser, par la distribution des secours nécessaires, les accidents et les fléaux calamiteux ainsi que les pollutions de toute nature, tels que les incendies, les inondations, les ruptures de digues, les éboulements de terre ou de rochers, les avalanches ou autres accidents naturels, les maladies épidémiques ou contagieuses, les épizooties, de pourvoir d'urgence à toutes les mesures d'assistance et de secours et, s'il y a lieu, de provoquer l'intervention de l'administration supérieure ;

6° Le soin de prendre provisoirement les mesures nécessaires contre les personnes atteintes de troubles mentaux dont l'état pourrait compromettre la morale publique, la sécurité des personnes ou la conservation des propriétés ;

7° Le soin d'obvier ou de remédier aux événements fâcheux qui pourraient être occasionnés par la divagation des animaux malfaisants ou féroces. »

Cette liste exhaustive permet d'aborder quasiment tous les risques communaux.

En matière de police spéciale, le maire ne dispose pas de pouvoir de police en ce qui concerne l'air, les aéroports et les aérodromes, qui relèvent du pouvoir de police spéciale réservé au préfet. En revanche, il peut disposer de certains pouvoirs de police spéciale.

Il s'agit par exemple de la police de la réglementation de l'assainissement (règlements d'assainissement, dérogations au raccordement au réseau public de collecte), de la police de la réglementation de la collecte des déchets ménagers, de la réglementation du stationnement des résidences mobiles des gens du voyage…

136. Le maire peut-il déléguer ses pouvoirs de police et à qui ?

Le maire, titulaire de pouvoirs de police en propre, ne peut déléguer ses pouvoirs aisément pour la simple raison qu'ils lui appartiennent et qu'ils ne sont pas délégables. C'est ainsi que le conseil municipal ne peut pas prendre de mesures de police administrative, mais le maire peut déléguer ses pouvoirs de police à un adjoint ou à un conseiller municipal, par arrêté – ce qu'il ne peut pas faire avec une société privée, ou un particulier, qui ne peuvent exercer, sous quelque forme que ce soit, des pouvoirs de police du maire. Par contre, « *des services publics qui ont pour objet de fournir des moyens matériels en appui du pouvoir de police peuvent être délégués par la commune compétente (exemple : la gestion des fourrières animales, la capture et mise en fourrière des chiens errants et l'enlèvement des bêtes mortes)* ».

S'agissant des EPCI, le maire peut leur déléguer certains de ses pouvoirs de police spéciale. C'est ce que prévoit l'article L. 5211-9-2 du CGCT. Le ministère de l'Intérieur précise à ce sujet qu'il existe deux procédures de transfert aux présidents des EPCI à fiscalité propre :

- **la première procédure** est un mécanisme de transfert de plein droit d'un pouvoir de police spéciale au président de l'EPCI, lorsque cet établissement exerce la compétence correspondante. Toutefois, le maire conserve le pouvoir de police s'il a notifié son opposition au président de l'EPCI dans les délais prévus par la loi. Il s'agit de la police de la réglementation de l'assainissement (règlements d'assainissement, dérogations au raccordement au réseau public de collecte), de la police de la réglementation de la collecte des déchets ménagers (règlements de collecte des déchets), de la police de la réglementation du stationnement des résidences mobiles des gens du voyage (interdiction de stationnement en dehors des aires), de la police de la circulation et du stationnement et de la police de la délivrance des autorisations de stationnement de taxi ;
- **la seconde procédure** intervient sur proposition d'un ou de plusieurs maires des communes membres et après accord de tous les maires et du président de l'EPCI à fiscalité propre. Il s'agit de la police de l'organisation de la sécurité des manifestations culturelles et sportives (possibilité d'enjoindre à l'organisateur la mise en place d'un service d'ordre) lorsqu'elles sont organisées dans des établissements communautaires et de la police de la défense extérieure contre l'incendie (planification des points d'eau incendie).

137. Qu'est-ce que la police municipale ?

Le terme police municipale est ambigu parce qu'il désigne à la fois le maire, autorité de police municipale, et les agents, quand ils existent dans la commune et qu'ils sont en charge d'assurer la police municipale.

Cette deuxième catégorie désigne par conséquent les fonctionnaires placés sous l'autorité du maire, dans cette filière qu'est la police municipale (les agents de police municipale, pour être plus précis). Ils dépendent de l'autorité du maire qui est responsable de la police municipale, de la police rurale et de l'exécution des actes de l'État.

La police municipale a pour objectif, selon le ministère de l'Intérieur « *de veiller au respect de l'ordre public pour assurer la qualité de vie des habitants de la commune et créer une atmosphère de sécurité. Les agents luttent pour cela contre les incivilités, la petite et moyenne délinquance* ».

138. Comment est organisée la police municipale ?

Bien que hiérarchiquement rattachée au maire, la police municipale est placée sous le contrôle du ministre de l'Intérieur, *via* le préfet (il peut vérifier leurs activités, leur délivre une carte professionnelle, leur impose une déontologie...).

Les policiers municipaux peuvent être organisés, d'après le ministère de l'Intérieur, selon plusieurs fonctions :

- « *brigade à moto : les agents interviennent en deux roues motorisées sur des infractions au code de la route ;*
- *brigade canine : les policiers sont accompagnés de chiens dressés pour la recherche de stupéfiants ou de personnes disparues. D'autres chiens sont également dressés à l'attaque et servent d'élément dissuasif lors de patrouilles dans des lieux sensibles ;*
- *brigade nautique : les policiers de cette brigade sont formés pour intervenir en milieu aquatique ;*
- *brigade équestre : surtout présente en milieu rural, elle permet aux policiers de se déplacer à cheval dans des milieux difficiles d'accès. La brigade équestre intervient également en maintien de l'ordre et en patrouille ;*
- *brigade VTT : les vélos permettent aux policiers d'avoir une facilité et une rapidité de déplacement, notamment dans les milieux ruraux ;*
- *brigade îlotage : les agents de cette brigade sont chargés de surveiller les îlots d'habitation pour prévenir les actes de vandalisme et les cambriolages ;*
- *brigade fourrière : les policiers doivent récupérer les animaux errants pour les confier à un service approprié ;*
- *brigade des transports en commun : souvent en civil, les agents assurent la sécurité des usagers dans les transports en commun. Cette brigade lutte notamment contre les faits de violence et les vols ;*
- *brigade de sûreté nocturne : les agents de cette brigade patrouillent pour veiller à la sécurité et à la tranquillité des habitants et des biens pendant la nuit.* »

Toujours selon le ministère de l'Intérieur, s'agissant des agents de police municipale, on trouve trois grades :

- « *les agents de police municipale (catégorie C) : ce cadre d'emploi regroupe le grade de gardien stagiaire, celui de gardien-brigadier, les brigadiers, et le grade de brigadier-chef principal. À savoir que brigadier n'est pas un grade, mais désigne les gardiens-brigadiers ayant quatre années de services effectifs ;*
- *les chefs de service de police municipale (catégorie B) : ce cadre d'emploi regroupe le grade de chef de service, celui de chef de service principal de 2e classe, et le grade de chef de service principal de 1re classe ;*

- *les directeurs de police municipale (catégorie A) : ce cadre d'emploi compte deux grades, celui de directeur de police municipale et celui de directeur principal de police municipale. Ils interviennent au sein de communes et d'EPCI qui ont une fiscalité propre et qui ont une police municipale comptant minimum 20 policiers appartenant aux cadres d'emplois de la police municipale.* »

139. Quels sont les pouvoirs et les armes dont disposent les policiers municipaux ?

C'est le maire qui négocie avec le préfet, par l'intermédiaire d'une convention, quels types d'armes les policiers municipaux placés sous son autorité disposent. En France, seule la moitié des policiers municipaux disposent d'armes létales. Parmi les armes à leur disposition, on trouve :

- aérosols incapacitants (bombes lacrymogènes, projecteurs hypodermiques) ;
- matraques télescopiques, tonfas et bâtons de défense ;
- flash-ball ;
- pistolets 9 ou 7,65 millimètres ;
- revolvers de calibre 38 spécial ;
- projecteurs hypodermiques ;
- pistolets à impulsion électrique comme les tasers.

140. Quelle est la différence entre la police nationale et la police municipale ?

La police nationale dépend du pouvoir central (du ministère de l'Intérieur), bien qu'organisée sur un mode déconcentré.

La police municipale dépend pour sa part du pouvoir décentralisé, en la personne du maire.

Les premiers sont titulaires de pouvoirs de police judiciaire, alors que les seconds de pouvoirs de police administrative. Cependant, cette distinction est légèrement nuancée par les pouvoirs de police judiciaire dont sont investis pour partie les policiers municipaux.

En effet, ces derniers sont également agents de police judiciaire adjoints (APJA). Le ministère de l'Intérieur précise d'ailleurs qu'ils ont « *pour mission de seconder les officiers de police judiciaire. Si la police municipale est témoin de crimes, de délits ou de contraventions, elle a pour obligation de transmettre les informations qu'elle détient au maire, aux officiers de police judiciaire de la police nationale ou aux OPJ de la gendarmerie nationale. Ils doivent rédiger des rapports et des procès-verbaux avant de les transmettre à chacune de ces autorités. L'objectif est de retrouver l'auteur du délit. Lorsqu'ils constatent une infraction, les agents de la police municipale doivent recueillir le maximum d'information ainsi que les éventuelles remarques du contrevenant. La police municipale peut ainsi constater par procès-verbal les contraventions au code de la route, mais aussi les délits, comme les voies de fait et les menaces de violence au sein des parties communes d'un immeuble collectif* ».

À cet effet, les policiers municipaux peuvent procéder à de nombreux contrôles (relevé d'identité, contrôle d'alcoolémie, rétention du permis de conduire, immobilisation et mise en fourrière de véhicules, consultation des fichiers des immatriculations et des permis de conduire...).

5 Les questions liées à l'urbanisme et à l'aménagement du territoire

1. Questions

141. Quelle est la collectivité en charge des questions d'urbanisme ?

142. Dans la commune, le maire est-il seul en charge de l'urbanisme ?

143. Qu'est-ce qu'un document d'urbanisme ?

144. Quelles sont les caractéristiques d'un permis de construire ?

145. Est-ce que les collectivités territoriales sont en charge de l'aménagement du territoire ?

146. Qu'est-ce que la loi Élan ?

2. Réponses

141. Quelle est la collectivité en charge des questions d'urbanisme ?

Les questions d'urbanisme sont au cœur des dispositifs législatifs relatifs à la décentralisation. Pour ce faire, ce sont les communes et les EPCI, sous condition, qui ont la compétence en matière de documents d'urbanisme, d'aménagement urbain (ZAC et droits de préemption) ainsi que de permis de construire, d'autorisations et d'actes relatifs à l'occupation ou à l'utilisation des sols.

Les documents qui leur correspondent sont :

- le schéma de cohérence territoriale (SCOT) ;
- le plan local d'urbanisme (PLU), éventuellement intercommunal (PLUI), ou la carte communale pour les communes non dotées d'un PLU.

Le ministère de l'Intérieur, à cet effet, précise la ventilation des compétences entre les différents acteurs, comme suit.

Communes ou EPCI	Départements	Régions	État
• Élaboration du schéma de cohérence territoriale, du plan local d'urbanisme (éventuellement intercommunal) ou de la carte communale. • Délivrance des permis de construire et des autres autorisations d'occupation des sols pour les communes dotées d'un plan local d'urbanisme ou d'une carte communale. • Droit de préemption urbain. • ZAC (zone d'aménagement concerté). • Accord des communes ou EPCI sur la création du périmètre départemental d'intervention pour la protection et la mise en valeur des espaces agricoles et naturels périurbains. • Élaboration du SCOT (EPCI ou syndicat mixte spécialisé).	Délimitation du périmètre d'intervention pour la protection et la mise en valeur des espaces agricoles et naturels périurbains et exercice du droit de préemption dans le périmètre (directement ou *via* une SAFER).	Élaboration en association avec l'État du schéma directeur de la région d'Île-de-France – SDRIF (approbation par l'État).	• Pouvoirs spécifiques de modification des SCOT et PLU. • Qualification des projets d'intérêt général et liste des opérations d'intérêt national. • Délivrance des permis de construire et des autres autorisations d'utilisation du sol (hors PLU et carte communale ou cas spécifiques). • Zone d'aménagement concerté (dans les opérations d'intérêt national). • Zone d'aménagement différé. • Élaboration et approbation des directives territoriales d'aménagement et de développement durables (DTADD). • Association à l'élaboration et approbation du schéma directeur de la région d'Île-de-France (SDRIF). • Modification par décret du périmètre départemental d'intervention pour la protection et la mise en valeur des espaces agricoles et naturels périurbains (en cas de réduction).

142. Dans la commune, le maire est-il seul en charge de l'urbanisme ?

La règle en matière d'urbanisme est que le maire est compétent pour délivrer les permis de construire, dans les communes « *dotées d'un PLU ou d'un document d'urbanisme en tenant lieu, ainsi que, lorsque le conseil municipal l'a décidé, dans les communes qui sont dotées d'une carte communale, et le préfet ou le maire au nom de l'État dans les autres communes* ».

Il est donc parfaitement possible que l'État délivre ce type de document. Par ailleurs, le préfet est compétent sur certains travaux :

- les travaux, constructions et installations réalisés pour le compte de l'État, de ses établissements publics et concessionnaires ainsi que pour le compte d'États étrangers ou d'organisations internationales ;
- certains ouvrages de production, de transport, de distribution et de stockage d'énergie, ainsi que ceux utilisant des matières radioactives ;
- les travaux, constructions et installations réalisés à l'intérieur des périmètres des opérations d'intérêt national ;
- les opérations ayant fait l'objet d'une convention en application du code de la construction et de l'habitation pour la réalisation de logements sociaux (article L. 302-9-1 dudit code).

Dans le cas où le préfet délivre l'autorisation d'urbanisme, l'avis du maire est toujours recueilli.

143. Qu'est-ce qu'un document d'urbanisme ?

Il existe principalement quatre documents d'urbanisme :

- **les schémas de cohérence territoriale (SCOT)** : ce sont les articles L. 141-1 et suivants du code de l'urbanisme qui les définissent. Ils comprennent un rapport de présentation, un projet d'aménagement et de développement durable et un document d'orientation et d'objectif. C'est surtout un document qui permet à l'EPCI ou au syndicat mixte spécialisé d'opérer une planification stratégique, en présentant « *un diagnostic établi au regard des prévisions économiques et démographiques et des besoins en matière de développement économique, d'aménagement de l'espace, d'environnement, d'équilibre social de l'habitat, de transports, d'équipement et de services* ». Il est revu au moins tous les six ans et doit faire l'objet d'une analyse de ses résultats. L'établissement compétent doit délibérer sur son maintien ou sa révision partielle ou totale. On y trouve d'ailleurs le document d'orientation et d'objectif : y sont inscrites les « *orientations générales de l'organisation de l'espace et de la restructuration des espaces urbanisés, et les grands équilibres entre les espaces urbains et à urbaniser et les espaces naturels et agricoles ou forestiers* ». Leur cadre a un peu évolué, suite à une ordonnance du 18 juin 2000. C'est ainsi que, selon le gouvernement : « *Le périmètre, le contenu et la structure du SCOT sont revus afin d'accroître la cohérence entre les thématiques traitées et de rendre plus lisible le projet stratégique. Le périmètre du SCOT est étendu au bassin d'emploi au lieu du bassin de vie. Un débat sur le périmètre doit avoir lieu lors du bilan à six ans du schéma, lorsque* *ce périmètre coïncide avec celui d'un plan local d'urbanisme intercommunal. Un renforcement du rôle du document dans la transition énergétique est proposé, par la possibilité donnée au SCOT de valoir plan climat-air-énergie territorial (PCAET). Le rôle du SCOT dans la recherche de sobriété foncière est clarifié* » ;

- le projet d'aménagement et de développement durable (PADD – bien qu'il ne soit pas un document d'urbanisme, il en est l'une des composantes) : il a pour objectif de fixer « *les objectifs des politiques publiques d'urbanisme, du logement, des transports, de développement économique, de protection et de mise en valeur des espaces naturels, de lutte contre l'étalement urbain, de prévention et de remise en état des continuités écologiques* » ;
- le plan local d'urbanisme (PLU) : selon les dispositions du code de l'urbanisme, il « *traduit un projet global d'aménagement et d'urbanisme et fixe en conséquence les règles d'aménagement et d'utilisation des sols* ». Par ailleurs, il « *expose un diagnostic, établi selon les mêmes critères que pour les SCOT, et comporte un rapport de présentation, un projet d'aménagement et de développement durable (PADD), des orientations générales d'aménagement et de programmation, un règlement ainsi que des annexes (servitudes d'utilité publique, etc.). Chacun de ces documents peut comprendre un ou plusieurs documents graphiques. Ce document de synthèse de l'aménagement relatif notamment à des quartiers à mettre en valeur, réhabiliter, restructurer ou aménager intègre les dispositions des programmes locaux de l'habitat et des plans de déplacements urbains, dans le cas où le PLU est élaboré au niveau intercommunal* ». Il comporte un règlement qui doit préciser les règles générales et les servitudes d'utilisation du sol. Il est opposable à toute personne publique ou privée pour l'exécution de tous travaux ou constructions et peut en outre, toujours selon le code :
  - préciser l'affectation des sols (usage, nature des activités),
  - définir les règles relatives aux constructions en fonction des situations locales,
  - déterminer les règles concernant l'aspect extérieur des constructions,
  - délimiter les zones ou parties de zones dans lesquelles, par exemple, la reconstruction de bâtiments pourrait être envisagée pour des motifs d'urbanisme,
  - préciser le tracé et les caractéristiques des voies de circulation à conserver, modifier ou créer,
  - identifier et localiser les éléments de paysages et délimiter les quartiers, îlots, etc. à mettre en valeur,
  - fixer les emplacements pour les voies et ouvrages publics, les installations d'intérêt général, les espaces verts,
  - localiser, dans les zones urbaines, les terrains cultivés à protéger et les terrains inconstructibles,
  - délimiter les secteurs dans lesquels l'octroi du permis de construire peut être subordonné à la démolition de constructions existantes,
  - délimiter les zones concernant l'assainissement et les eaux pluviales,

- fixer une superficie minimale de terrains constructibles lorsque cette règle est justifiée par des contraintes techniques ou juridiques pour préciser l'urbanisation traditionnelle ou l'intérêt paysager,
- fixer un coefficient d'occupation des sols dans les zones urbaines à urbaniser et dans les zones à protéger en raison de la qualité de leurs paysages, de leurs écosystèmes...,
- déterminer des secteurs à l'intérieur desquels un dépassement des règles relatives au gabarit, à la hauteur, à l'emprise au sol et au coefficient d'occupation des sols est autorisé pour permettre la construction ou l'agrandissement de bâtiments à usage d'habitation,
- recommander l'utilisation des énergies renouvelables pour l'approvisionnement énergétique des constructions neuves, en fonction des caractéristiques de ces constructions, sous réserve de la protection des sites et paysages,
- imposer une densité minimale de construction dans des secteurs situés à proximité des transports collectifs existants et programmés,
- imposer aux constructions, travaux, installations, notamment dans les secteurs qu'il ouvre à l'urbanisation, de respecter des performances énergétiques et environnementales qu'il définit,
- délimiter, dans les zones urbaines ou à urbaniser, des secteurs dans lesquels les programmes de logements doivent comporter une proportion d'une taille minimale ou comporter un pourcentage affecté à des catégories de logement qu'il définit dans le respect des objectifs de mixité sociale.

Il comporte également des annexes qui renseignent sur les servitudes, les différentes zones, les schémas de réseaux d'eau et d'assainissement... Avant d'être adopté par l'organe délibérant (conseil municipal, communautaire ou métropolitain), le maire ou le président de l'exécutif soumet le PLU à enquête publique auprès des habitants, qui ont leur mot à dire ;

- **les cartes communales** : elles aussi sont prévues par le code de l'urbanisme. Elles concernent les communes non dotées d'un PLU. Les cartes communales « *délimitent les secteurs où les constructions sont autorisées et ceux où elles ne sont pas admises, à l'exception des travaux réalisés sur des constructions existantes ou des constructions et réalisations nécessaires à des équipements collectifs, à l'exploitation agricole ou forestière ou à la mise en valeur des ressources naturelles. Les cartes communales sont approuvées, après enquête publique, par délibération du conseil municipal, puis par le préfet qui dispose d'un délai de deux mois pour les approuver. À l'expiration de ce délai, les cartes sont réputées approuvées* ». Elles ne peuvent en revanche pas prescrire des règles spécifiques relatives aux projets de construction, contrairement au règlement du PLU (qui prévoit la hauteur, la couleur des façades...).

144. Quelles sont les caractéristiques d'un permis de construire ?

Le code de l'urbanisme, à son article L. 421-1, précise : « *Les constructions, même ne comportant pas de fondations, doivent être précédées de la délivrance d'un permis de construire.* »

Le permis de construire est nécessaire dans certains cas, listés par la réglementation. Il comprend notamment :

- toute construction de maison nouvelle sur un terrain nu ;
- toute extension avec création de surface de plancher ou d'emprise au sol supérieure à 40 m² ou 20 m² dans certains cas ;
- la construction d'une piscine supérieure à 100 m².

Le dossier à déposer en quatre exemplaires donne lieu, dans les quinze jours de son dépôt, à un accusé de réception, avant d'être instruit dans un délai de deux mois. Ce délai peut être plus long si le projet présente certaines caractéristiques ou est envisagé dans certains secteurs (sites classés, proximité d'un monument historique, secteur sauvegardé, etc.). Il est en tout état de cause valable trois ans, et peut être prolongé de deux fois un an.

145. Est-ce que les collectivités territoriales sont en charge de l'aménagement du territoire ?

Jusqu'en 1982, l'État était la principale autorité publique en charge de l'aménagement du territoire. Depuis, cette compétence est essentiellement entre les mains de la région. Cette dernière a pour charge de coordonner sur son territoire les actions des collectivités territoriales et de leurs groupements en faveur du développement économique.

Cependant, tous les acteurs y participent, *via* de très nombreuses conventions, permettant la mise en place de schémas locaux d'aménagement du territoire.

146. Qu'est-ce que la loi Élan ?

La loi Élan, ou loi n° 2018-1021 du 23 novembre 2018 portant évolution du logement, de l'aménagement et du numérique, porte sur un grand nombre de questions. Cette loi est assortie d'environ 70 décrets. L'objectif premier de cette loi est de « *faciliter la construction de nouveaux logements et de protéger les plus fragiles* ». Elle concerne :

- **le logement social** (par exemple, les occupants des logements seront prioritaires en cas de cession ; les organismes HLM seront regroupés...) ;
- **la copropriété** (il y aura l'établissement de nouvelles règles de gouvernance et de davantage de souplesse de gestion) ;
- **l'urbanisme** – les règles en matière de procédures sont allégées (dématérialisation des procédures par exemple) ;
- les contentieux concernant **les permis de construire** doivent être jugés sous dix mois... ;
- **l'encadrement des loyers** (« *expérimentation de l'encadrement des loyers privés, dans les zones tendues et sur la base de propositions des collectivités locales, et y favorise la généralisation des observatoires locaux des loyers* ») ;

- **les baux de location** : création d'un bail mobilité pour les personnes en mobilité (pour cause de formation professionnelle, apprentissage et stages et volontariat au service civique) ;
- la loi littoral, les locations saisonnières, la transformation des bureaux en logements et la réquisition des bureaux vides comme les poursuites à l'égard des marchands de sommeils.

6 Les questions liées à l'état civil

1. Questions

147. Qu'est-ce que l'état civil ?

148. Quelles sont les collectivités territoriales en charge de l'état civil ?

149. Une commune peut-elle refuser d'exercer ses missions liées à l'état civil ?

2. Réponses

147. Qu'est-ce que l'état civil ?

La notion d'état civil recouvre à la fois les actes d'état civil et les services d'état civil, comme les compétences en matière d'état civil. C'est ainsi que lorsque l'on parle d'actes d'état civil, cela recouvre les actes de naissance, de mariage et de décès.

De la même manière, les services d'état civil sont les services en charge de ces matières. Ils sont présents dans les communes et prennent des formes différentes, toutes encadrées cependant par une réglementation rassemblée au sein d'un document unique : l'IGREC, pour Instruction générale relative à l'état civil. À celle-ci a succédé la circulaire du 6 avril 2012 présentant les tableaux récapitulatifs des formules de mentions apposées en marge des actes de l'état civil.

Du premier document, l'IGREC, on peut retenir les points suivants : « *Les actes de l'état civil sont les écrits dans lesquels l'autorité publique constate, d'une manière authentique, les principaux événements dont dépend l'état des personnes (Civ. 1er-14 juin 1983, RCDIP 1984.316).*

L'acte de l'état civil tient sa force probante de son caractère authentique. Cet acte qui est dressé par des officiers publics suivant des solennités précisées par les articles 34 et suivants du code civil répond en effet à la définition de l'article 1317 du même code, aux termes duquel : "L'acte authentique est celui qui a été reçu par officiers publics ayant le droit d'instrumenter dans le lieu où l'acte a été rédigé, et avec les solennités requises."

L'acte authentique fait foi jusqu'à inscription de faux des faits que l'officier public y a énoncés comme les ayant accomplis lui-même ou comme s'étant passés en sa présence dans l'exercice de ses fonctions (Civ. 1er-26 mai 1964 : D. 1964.627 ; JCP 1964 II. 13758).

En revanche, la véracité des faits qui ont été déclarés à l'officier de l'état civil fait foi jusqu'à preuve contraire. »

Le même document assigne à l'officier d'état civil les missions suivantes :

- constater les naissances et en dresser acte (art. 55 et 56 C. civ.) ;
- recevoir, concurremment avec le notaire, les reconnaissances d'enfants naturels (art. 62 et 335 C. civ.) et en dresser acte ;
- recueillir, concurremment avec le notaire ou le tribunal, le consentement de l'enfant majeur légitimé à la modification de son patronyme (art. 331-2 C. civ.) ;
- recueillir, concurremment avec le notaire ou le tribunal, le consentement de l'enfant majeur à la modification de son patronyme en cas d'établissement ou de modification du lien de filiation (art. 61-3 C. civ. et art. 1149-1 CPC) ;
- recueillir, concurremment avec le notaire, les consentements à mariage (art. 73 C. civ.) ;
- célébrer les mariages, après avoir fait la publication prescrite par la loi, et en dresser acte (art. 63, 75 et 165 C. civ.) ;
- recueillir, concurremment avec le notaire, la déclaration de reprise de la vie commune (art. 305 C. civ. et art. 1140 CPC) ;
- constater les décès et en dresser acte (art. 78 C. civ.) ;
- tenir les registres de l'état civil, c'est-à-dire :
  - inscrire tous les actes qu'il a reçus,
  - transcrire certains actes reçus par d'autres officiers publics,
  - transcrire le dispositif de certains jugements,
  - apposer les mentions qui doivent, d'après la loi, être faites, dans certains cas, en marge d'actes de l'état civil déjà inscrits ou transcrits (art. 49 C. civ.) ;
- veiller à la conservation des registres courants et de ceux des années antérieures qu'il détient et de délivrer à ceux qui ont le droit de les requérir des copies ou extraits des actes figurant sur ces registres.

Enfin, il est utile de rappeler que c'est le procureur de la République qui constitue l'autorité supérieure en matière d'état civil. À cet égard, « *l'officier de l'état civil exerce donc ses fonctions sous le contrôle et la surveillance du parquet territorialement compétent qui peut lui donner des instructions* ».

148. Quelles sont les collectivités territoriales en charge de l'état civil ?

L'article L. 2122-32 du code général des collectivités territoriales confie au maire la qualité d'officier de l'état civil. Selon l'IGREC, « *même s'il a délégué ses fonctions, il conserve l'aptitude à les exercer personnellement, pendant la durée de son mandat et sur l'ensemble du territoire de sa commune.*

Il résulte du même texte que les adjoints ont également la qualité d'officiers de l'état civil. Ils peuvent exercer les fonctions afférentes à ladite qualité sans que cet exercice soit subordonné à une délégation qui leur serait donnée à cet effet par le maire (CE, 11 octobre. 1991, Ribaute et Balanca, Rec. Lebon, p. 330).

Aux termes de l'article L. 2122-15 du code général des collectivités territoriales, le maire et les adjoints sortants continuent à exercer leurs fonctions jusqu'à l'installation du nouveau conseil, c'est-à-dire jusqu'à l'ouverture de la séance inaugurale ».

C'est ainsi que les fonctions d'officier d'état civil sont exercées par :

- le maire et les adjoints (art. L. 2122-32 du CGCT) ;
- le conseiller municipal délégué (art. L. 2122-18 du CGCT) ;
- l'agent communal délégué (art. R. 2122-10 du CGCT) ;
- l'adjoint ou le conseiller municipal suppléant (art. L. 2122-17 du CGCT) ;
- l'adjoint spécial (art. L. 2122-33 et L. 2122-3 du CGCT) ;
- le préfet ou le délégué spécial du préfet (art. L. 2122-34 du CGCT) ;
- le président de la délégation spéciale (art. L. 2121-35 et L. 2121-36 du CGCT).

149. Une commune peut-elle refuser d'exercer ses missions liées à l'état civil ?

Le refus du maire d'exercer ses missions est prévu par l'article L. 2122-34 du code général des collectivités territoriales qui précise que « *dans le cas où le maire en tant qu'agent de l'État refuserait ou négligerait de faire un des actes qui lui sont prescrits par la loi, le représentant de l'État dans le département peut, après l'en avoir requis, y procéder d'office par lui-même ou par un délégué spécial* ».

7 Les questions liées au domaine public et au domaine privé

1. Questions

150. Quel est le code applicable aux collectivités territoriales en matière de domaine public ?

151. Qu'est-ce que le domaine public immobilier d'une collectivité territoriale ?

152. Qu'est-ce que le domaine privé immobilier d'une collectivité territoriale ?

153. Comment fait-on sortir un bien du domaine public ?

2. Réponses

150. Quel est le code applicable aux collectivités territoriales en matière de domaine public ?

Les questions liées au domaine public sont principalement régies par le code général de la propriété des personnes publiques, dit CG3P. Ce dernier est organisé très rationnellement « *autour d'une logique de déroulement d'un processus de propriété : acquisition, gestion, cession* ».
Le code général des collectivités territoriales s'applique également aux collectivités territoriales en matière de domaine public.
Le CG3P est assorti d'une circulaire de 2007 qui renseigne utilement les dispositions de ce code (pour les seules parties de ce code qui n'ont pas évolué). Il s'agit du *Guide pratique d'utilisation du code général de la propriété des personnes publiques* qui indique à propos de ce code : « *Le code général de la propriété des personnes publiques regroupe l'ensemble des dispositions législatives afférentes à la gestion du domaine des personnes publiques, en intégrant les dispositions domaniales du code du domaine de l'État, du code du domaine public fluvial et de la navigation intérieure, mais également les dispositions afférentes au domaine maritime, routier et ferroviaire. Il s'organise, à l'image du code civil, autour de trois notions principales, à savoir les procédures d'acquisition, de gestion et de cession des biens des personnes publiques.* »

151. Qu'est-ce que le domaine public immobilier d'une collectivité territoriale ?

Outre le domaine public « naturel » des collectivités (comme les lacs, certains fleuves, etc.), l'article L. 2111-1 du CG3P précise la nature du domaine public des collectivités territoriales : « *Le domaine public d'une personne publique [...] est constitué des biens lui appartenant qui sont soit affectés à l'usage direct du public, soit affectés à un service public pourvu qu'en ce cas ils fassent l'objet d'un aménagement indispensable à l'exécution des missions de ce service public.* »

Par ailleurs, les articles L. 2122-1 et suivants du CG3P prévoient que « *nul ne peut, sans disposer d'un titre l'y habilitant, occuper une dépendance du domaine public d'une personne publique [...] ou l'utiliser dans des limites dépassant le droit d'usage qui appartient à tous* ».

Il peut s'agir de routes, d'immeubles, de terrains, mais aussi de certains étangs ou rivières...

L'utilisation du domaine public est payante, sauf dans certains cas (c'est l'article L. 2125-1 du CGPPP qui dispose que la gratuité est possible quand cela bénéficie à tous, en lien avec la conservation du domaine public, pour assurer les missions des services de l'État, pour l'exécution de travaux relatifs à une infrastructure de transport ferroviaire ou encore pour les « associations à but non lucratif qui concourent à la satisfaction d'un intérêt général »).

Une telle occupation doit du reste, et dans de multiples hypothèses, être précédée d'une procédure de mise en concurrence adaptée à son objet (art. L. 2122-1-1 CG3P).

152. Qu'est-ce que le domaine privé immobilier d'une collectivité territoriale ?

Là aussi, c'est le CG3P qui nous renseigne en indiquant, à l'article L. 2211-1 que « *font partie du domaine privé les biens des personnes publiques [...] qui ne relèvent pas du domaine public par application des dispositions du titre Ier du livre Ier. Il en va notamment ainsi des réserves foncières et des biens immobiliers à usage de bureaux, à l'exclusion de ceux formant un ensemble indivisible avec des biens immobiliers appartenant au domaine public* ».

Il peut s'agir de tout type de biens immobilier, comme un chemin rural, un immeuble, une forêt... En la matière, le gouvernement nous renseigne et indique que « *les biens relevant du domaine privé communal sont gérés en application des règles du droit privé* ». Sur ce point, c'est le CGCT qui indique à l'article L. 2241-1 que « *le conseil municipal délibère sur la gestion des biens et les opérations immobilières effectuées par la commune* ».

Ce domaine privé est donc géré par le conseil municipal.

153. Comment fait-on sortir un bien du domaine public ?

Il convient d'indiquer que certains biens font partie du domaine public de par la loi et ne peuvent donc en sortir (domaine public naturel ou mobilier).

La sortie d'un bien immobilier du domaine public répond à des règles strictes selon l'article L. 2141-1 du CG3P : « *Un bien d'une personne publique [...], qui n'est plus affecté à un service public ou à l'usage direct du public, ne fait plus partie du domaine public à compter de l'intervention de l'acte administratif constatant son déclassement.* »

Pour cela, deux étapes doivent intervenir. Il s'agit :

- **d'une part, d'une désaffectation**, qui doit intervenir par la voie d'une délibération. Elle a pour seul effet « *de faire cesser l'utilisation du bien domanial par le public ou le service public auquel ce bien est affecté* » ;
- **d'autre part, du déclassement**, qui se fait lui aussi sous la forme d'une délibération de la collectivité territoriale. La collectivité peut le faire après une enquête publique ou sans enquête publique. Sur ce point, le gouvernement précise : « *Le déclassement est l'acte administratif qui fait perdre à une route son caractère de voie publique et la soustrait au régime juridique auquel elle se trouvait intégrée.* »

En fonction du bien concerné (voie publique, chemin...), une enquête publique s'impose, c'est-à-dire que le public est invité publiquement à préciser ce qu'il en pense. Là aussi, le gouvernement précise que la nécessité de recourir à une enquête publique repose sur deux critères d'appréciation :

- si les classements, mais surtout les déclassements, ont pour conséquence la non-affectation, partielle ou totale, de la voie à la circulation générale ;
- lorsque les droits d'accès des riverains sont mis en cause (suppression, restriction d'accès par exemple).

Par ailleurs, la procédure est dispensée d'enquête publique préalable dans certains cas particuliers :

- classement d'une voie communale en route nationale, déclassement d'une route nationale (articles L. 123-2 et L. 123-3 du code de la voirie routière) ;
- modification de voirie lors d'opérations d'aménagement foncier rural (article L. 121-17 du code rural et de la pêche maritime) ;
- mutations domaniales entre collectivités publiques, utiles dans le cadre d'opérations d'urbanisme (article L. 318-1 du code de l'urbanisme).

S'il n'y a pas d'enquête publique, le conseil municipal se prononcera à partir des éléments fournis à l'appui de la délibération et d'une notice explicative.

En résumé, la désaffectation fait cesser l'utilisation du bien par le public qui le constate, en le fermant ou empêchant le public de l'utiliser, alors que le déclassement est la délibération actant la sortie du bien.

8 Les questions liées à l'emploi

1. Question

154. Quels sont les compétences et les pouvoirs des collectivités territoriales en matière d'emploi ?

2. Réponse

154. Quels sont les compétences et les pouvoirs des collectivités territoriales en matière d'emploi ?

Bien que la politique de l'emploi demeure une compétence de l'État, les collectivités territoriales disposent, dans le cadre de leurs attributions, de pouvoirs significatifs. C'est ainsi Pôle emploi et l'État qui assurent le service public de l'emploi. Il reste aux régions la formation et l'orientation, mais aussi le développement économique et l'attractivité des territoires.

Par ailleurs, l'État a toujours la possibilité de confier aux régions un rôle encore plus actif en matière de service public de l'emploi. On peut d'ailleurs relever que l'ensemble des organismes à même de lutter contre le chômage sont essentiellement entre les mains des collectivités territoriales. Il s'agit des missions locales, maisons de l'emploi, PLIE, agences Cap emploi, écoles de la deuxième chance... :

- **les communes**, par exemple, participent aux maisons de l'emploi et aux structures d'accompagnement et d'insertion des jeunes (missions locales et permanences d'accueil, d'information et d'orientation – PAIO). Elles peuvent mettre en œuvre des plans pluriannuels pour l'insertion et l'emploi, conclure avec tous les partenaires publics des conventions au titre de l'insertion par l'activité économique et de création des chantiers et ateliers d'insertion ;
- **les départements** peuvent également participer aux maisons de l'emploi et intervenir dans le cadre des missions en matière sociale, *via* la gestion du fonds départemental d'aide aux jeunes en difficulté et du RSA ou encore par l'élaboration des pactes territoriaux d'insertion (PTI).

9 Les questions liées au tourisme et aux loisirs

1. Questions

155. Une collectivité territoriale a-t-elle l'obligation de s'intéresser au tourisme ?

156. Qu'est-ce qu'un office de tourisme ?

157. Le maire est-il responsable de tous les événements liés aux loisirs et organisés sur sa commune ?

2. Réponses

155. Une collectivité territoriale a-t-elle l'obligation de s'intéresser au tourisme ?

La gestion du tourisme par les collectivités territoriales est sensible puisqu'il s'agit d'une industrie créatrice de richesses et d'emplois, en France. Partagée par de nombreuses collectivités territoriales, cette question est gérée à différents niveaux :

- **les communes ou groupement de communes** créent par délibération les offices de tourisme ;
- **les départements** peuvent établir le « schéma d'aménagement touristique départemental » et créer un comité départemental du tourisme (et lui confier la mise en œuvre de la politique du tourisme) ;
- **les régions** définissent les objectifs à moyen terme du développement touristique régional, coordonnent les initiatives publiques et privées en la matière et fixent le statut du comité régional du tourisme afin que celui-ci établisse le schéma régional du tourisme et des loisirs.

156. Qu'est-ce qu'un office de tourisme ?

Selon les dispositions prévues à l'article L. 122-1 du code du tourisme, « *une commune peut, par délibération du conseil municipal, instituer un organisme chargé de la promotion du tourisme, dénommé office de tourisme [...]. Lorsque coexistent sur le territoire d'une même commune ou d'un même établissement public de coopération intercommunale à fiscalité propre plusieurs marques territoriales protégées distinctes par leur situation, leur appellation ou leur mode de gestion, la commune est autorisée à créer un office de tourisme pour chacun des sites disposant d'une marque territoriale protégée* ».

Les compétences des collectivités territoriales

Le même code indique à ce propos, à son article L. 133.1 que « *l'office de tourisme assure l'accueil et l'information des touristes ainsi que la promotion touristique de la commune ou du groupement de communes, en coordination avec le comité départemental et le comité régional du tourisme. Il contribue à coordonner les interventions des divers partenaires du développement touristique local. Il peut être chargé, par le conseil municipal, de tout ou partie de l'élaboration et de la mise en œuvre de la politique locale du tourisme et des programmes locaux de développement touristique, notamment dans les domaines de l'élaboration des services touristiques, de l'exploitation d'installations touristiques et de loisirs, des études, de l'animation des loisirs, de l'organisation de fêtes et de manifestations culturelles. L'office de tourisme peut commercialiser des prestations de services touristiques [et être] consulté sur des projets d'équipements collectifs touristiques* ».
Fin 2019, la France comptait près de 3 200 offices ou bureaux de tourisme, établis pour près de 38 % sous forme associative, et 26 % sous forme d'établissement public industriel et commercial.

157. Le maire est-il responsable de tous les événements liés aux loisirs et organisés sur sa commune ?

Tous les événements organisés par une collectivité territoriale le sont sous la responsabilité de la commune et du maire. Cependant, cette responsabilité est partagée avec les différents acteurs qui participent aux événements.
La responsabilité, c'est d'abord une notion générale qui impose la réparation du dommage causé par son fait ou du fait d'une chose ou d'une personne. À cet égard, trois conditions sont nécessaires :
- un dommage ;
- un fait générateur ;
- un lien de causalité.

Il peut par ailleurs être précisé que plusieurs régimes juridiques peuvent intervenir en matière de responsabilité :
- une responsabilité pénale ;
- une responsabilité civile ;
- une responsabilité administrative.

Pour chacune d'elles, un juge est compétent, et un régime de peine ou de sanction s'applique. En conséquence, le maire porte une part de responsabilité dans les évènements organisés par ses services. Il peut aussi engager sa responsabilité en qualité d'autorité de police pour tout ce qui se passe sur son territoire.

10 Les questions liées au transport

1. Questions

158. Une collectivité territoriale a-t-elle l'obligation d'organiser les transports sur son territoire ?

159. Quel type de transport est pris en charge par une collectivité territoriale ?

2. Réponses

158. Une collectivité territoriale a-t-elle l'obligation d'organiser les transports sur son territoire ?

La question des transports sur les territoires est importante. Cependant, elle se ventile en fonction des types de transports rencontrés. De manière générale, ce sont les régions qui ont une compétence en la matière. Elles sont devenues les autorités organisatrices de transports (AOT), tel qu'il en ressort de l'article L. 3111-1 code des transports : « *[...] les services non urbains, réguliers ou à la demande, sont organisés par la région.* »

S'agissant des transports scolaires, les régions ont la possibilité de conventionner avec les départements, les communes ou les regroupements de communes afin que ces dernières opèrent sur ces compétences.

En ce qui concerne le transport des élèves handicapés vers les établissements scolaires, l'article L. 3111-1 du code des transports confie cette compétence aux départements.

Si les communes ou les EPCI se voient confier cette compétence, il revient à la région d'intervenir en qualité d'autorité organisatrice de la mobilité (AOM) en lien avec les communes.

Il convient également de préciser que la région est libre d'organiser les modes de gestion des services publics de transport, sous forme de régie directe ou pas. Les tarifs sont alors fixés sur le même principe. Le département intervient à ce titre dans le cadre de ses compétences « sociales » pour aider par des actions ciblées des populations (jeunes, élèves, chômeurs...).

> **ATTENTION**
>
> Un point de précision s'impose concernant l'Île-de-France, qui voit cette question des transports régie par un établissement public spécifique, « Île-de-France Mobilités », dont les acteurs sont les collectivités départementales et régionales d'Île-de-France. Sur ce point, la loi 3DS (cf. Question 20) a modifié pour partie cette répartition des personnels entre les différentes personnes publiques.

159. Quel type de transport est pris en charge par une collectivité territoriale ?

En vertu du principe de libre administration des collectivités territoriales, tous les types de transport peuvent être pris en charge par les collectivités territoriales, pour autant que le règlement européen n° 1370/2007 du 23 octobre 2007 relatif aux services publics de transport de voyageurs par chemin de fer et par route soit respecté.

Ce dernier permet aux autorités compétentes « *d'organiser leurs services publics de transports de voyageurs de la manière la mieux adaptée aux besoins du public* ». Pour ce faire, la question de la subvention par les pouvoirs publics est soumise à des règles en matière de dépense : il convient de ne pas subventionner au-delà de la compensation normale liée à l'exécution d'obligations de service public. C'est ainsi que l'article L. 2224-2 du CGCT précise : « *Lorsque le service a été délégué, la part prise en charge par le budget propre ne peut excéder le montant des sommes données au délégataire pour sujétions de service public et représenter une part substantielle de la rémunération de ce dernier.* »

11 Les questions liées à l'enseignement scolaire et aux écoles, collèges et lycées

1. Questions

160. Quelles sont les obligations des collectivités territoriales en matière de gestion des établissements scolaires ?

161. L'enseignement privé est-il pris en charge par les collectivités territoriales ?

162. Quel personnel au sein d'un établissement scolaire dépend des collectivités territoriales ?

2. Réponses

160. Quelles sont les obligations des collectivités territoriales en matière de gestion des établissements scolaires ?

Dès les lois de décentralisation de 1982, l'État a confié aux collectivités territoriales un rôle significatif en matière d'éducation. C'est ainsi que l'État a la compétence exclusive pour fixer les programmes scolaires, délivrer les diplômes nationaux ou gérer le personnel enseignant. Les collectivités territoriales quant à elles ont en charge tout le reste :

- **les communes** (et parfois les intercommunalités) ont en charge les écoles maternelles et primaires. Elles sont propriétaires des écoles publiques présentes sur leur territoire. Elles en assurent tant le bon entretien que la construction ou tous les travaux. À ce titre, et parce qu'elles sont propriétaires, elles peuvent disposer de ces biens dans le cadre du service public municipal et en disposer en dehors des horaires scolaires. Par ailleurs, elles ont en charge la restauration scolaire, *via* la caisse des écoles, établissement public local. Enfin, elles gèrent tout le personnel non-enseignant présent dans les établissements scolaires, afin que celui-ci assure les missions de service public dévolues à la commune pour les écoles ;
- **les départements**, qui ont en charge les collèges, en assurent, comme les communes avec les écoles, le bon entretien et tous les travaux. De même, ils peuvent en disposer. Le département assure aussi la restauration scolaire et la gestion des personnels non-enseignants ;

- les régions, propriétaires des lycées, ont des obligations identiques aux communes et départements, en termes de bâtiment, de restauration scolaire et de gestion des personnels affectés aux lycées. De plus, depuis la loi NOTRe, elles ont la responsabilité de l'organisation et du fonctionnement des transports scolaires. Enfin, elles ont en charge la mise en œuvre de la politique régionale d'apprentissage et de formation professionnelle des jeunes et des adultes à la recherche d'un emploi ou d'une nouvelle orientation professionnelle.

161. L'enseignement privé est-il pris en charge par les collectivités territoriales ?

Les communes ont seules la charge d'assurer le fonctionnement des écoles privées sous contrat avec l'État. Ce sont les articles L. 442-5-1 et L. 442-5-2 du code de l'éducation qui le précisent : « *La contribution de la commune de résidence pour un élève scolarisé dans une autre commune dans une classe élémentaire d'un établissement privé du premier degré sous contrat d'association constitue une dépense obligatoire lorsque cette contribution aurait également été due si cet élève avait été scolarisé dans une des écoles publiques de la commune d'accueil.*

En conséquence, cette contribution revêt le caractère d'une dépense obligatoire lorsque la commune de résidence ou, dans des conditions fixées par décret, le regroupement pédagogique intercommunal auquel elle participe ne dispose pas des capacités d'accueil nécessaires à la scolarisation de l'élève concerné dans son école publique ou lorsque la fréquentation par celui-ci d'une école située sur le territoire d'une autre commune que celle où il est réputé résider trouve son origine dans des contraintes liées : 1° aux obligations professionnelles des parents, lorsqu'ils résident dans une commune qui n'assure pas directement ou indirectement la restauration et la garde des enfants ; 2° à l'inscription d'un frère ou d'une sœur dans un établissement scolaire de la même commune ; 3° à des raisons médicales. »

> **POUR ALLER PLUS LOIN**
>
> Une circulaire du 2 décembre 2005, relative au « financement par les communes des dépenses de fonctionnement des écoles privées sous contrat », précise les règles en la matière.

162. Quel personnel au sein d'un établissement scolaire dépend des collectivités territoriales ?

Comme indiqué Question 160, les personnels enseignant des écoles, collèges et lycées dépendent directement et exclusivement du ministère de l'Éducation nationale, alors que tous les autres personnels (entretien, intendance et restauration), relèvent des collectivités territoriales auxquelles sont rattachés les établissements scolaires.

Sur ce point, la loi 3DS (cf. Question 20) va modifier pour partie cette répartition des personnels entre les différentes personnes publiques.

12 Les questions liées aux bâtiments publics

1. Questions

163. Existe-t-il des bâtiments publics appartenant aux collectivités territoriales ?

164. Que se passe-t-il si un bâtiment public est squatté ?

165. Le maire peut-il vendre un bâtiment public ?

2. Réponses

163. Existe-t-il des bâtiments publics appartenant aux collectivités territoriales ?

La Caisse des dépôts, établissement public national, estime que les collectivités territoriales seraient propriétaires de 470 000 bâtiments, représentant 280 millions de m² dont 150 millions de m² pour les bâtiments d'enseignement (écoles, collèges, lycées).
Ce volume significatif permet de bien comprendre que les collectivités territoriales sont propriétaires de très nombreux biens immobiliers, qui peuvent être classés comme suit :
- bâtiment ou terrains ;
- biens dépendant du domaine public ou du domaine privé ;
- hôtel de ville et autres bâtiments ;
- écoles/collèges/lycées et autres bâtiments...

Par ailleurs, les collectivités territoriales sont également acheteuses et vendeuses de bâtiments. À ce titre, elles peuvent prêter ou organiser leurs bâtiments publics dans le cadre de leurs missions de service public et de leurs obligations. Ces biens peuvent être utilisés directement (en régie) ou confiés à des partenaires extérieurs (privés ou publics) sous forme de concession ou de subvention ou en nature.
Enfin, les collectivités territoriales peuvent recevoir des dons et legs. Elles doivent les accepter explicitement et ce pouvoir revient à l'organe compétent, qui peut le déléguer au président de l'exécutif territorial.

164. Que se passe-t-il si un bâtiment public est squatté ?

L'occupation de bâtiments publics est fréquente.
La collectivité, propriétaire du bâtiment, est parfaitement en droit d'en demander l'expulsion. Elle sera suivie par le juge si elle arrive à prouver que le bien est affecté à une mission de service public et que la présence d'occupants illicites empêche la continuité du service.

La collectivité doit saisir le juge des référés du tribunal administratif compétent, le plus rapidement possible si le bien occupé fait partie du domaine public. La collectivité doit fournir au juge le maximum d'éléments à même de le persuader que l'expulsion est nécessaire.
Puisque la présence de squatters est due à une intrusion illégale, la trêve hivernale ne s'applique pas. Le juge est alors parfaitement en droit de suivre la demande de la collectivité. Une ordonnance est alors rendue à l'issue d'une audience où les occupants sont entendus et autorisés à se défendre, en présentant des écritures et une version des faits.
Si le juge donne raison à la collectivité, l'ordonnance de jugement précisera le délai à partir duquel l'expulsion peut être autorisée. La collectivité doit alors réquisitionner les forces de police nationale et travailler avec les services de la préfecture pour l'expulsion physique. Le juge peut aussi condamner les occupants sans droit ni titre à réparer les dégâts causés sur place.
Si l'occupation illégale a lieu sur ou dans un bien du domaine privé de la collectivité, celle-ci ne doit pas saisir le juge administratif mais le tribunal judiciaire, comme le ferait un propriétaire privé. Dans ce cas, c'est le droit commun qui s'applique (c'est-à-dire le droit applicable à tout propriétaire privé).

165. Le maire peut-il vendre un bâtiment public ?

La vente d'un bâtiment public est possible sous conditions strictes. C'est d'abord un choix politique. Ensuite, il s'agit d'une stratégie juridique à mettre en œuvre (cf. Question 153).

PARTIE V

Les élus, les usagers et les agents publics

29 questions

1 Pouvoirs et responsabilités des maires

1. Questions

166. Le maire est-il civilement responsable de ses actes ?

167. Le maire est-il pénalement responsable de ses actes ?

168. Le maire peut-il renvoyer sa responsabilité sur un autre élu ou un agent de la commune ?

169. Que se passe-t-il en cas de responsabilité partagée avec le préfet ou le président d'un EPCI ?

170. Que se passe-t-il si le maire ne veut plus exercer son mandat ?

2. Réponses

166. Le maire est-il civilement responsable de ses actes ?

La question de la responsabilité personnelle du maire est en lien avec la typologie de la faute commise. En effet, si le maire commet une faute de service, il engage la responsabilité de l'institution pour laquelle il agit (commune ou État), dans le cas contraire, il engagera sa responsabilité. Il s'agira alors d'une faute personnelle. Dans ce cas, le maire devra réparer les préjudices qu'il a commis, dans leur intégralité, et indemniser la ou les victimes sur ses fonds propres. Ce sont généralement des préjudices quantifiables sous la forme d'un montant.

Ce type de responsabilité personnelle est rare et exceptionnel. Il intervient quand la faute commise par le maire est très grave et liée à sa personne. Il y a alors désir de nuire, animosité et malveillance. Le juge a établi un ensemble de critères permettant de qualifier la faute personnelle :

- poursuite de préoccupations d'ordre privé ou d'un intérêt personnel ;
- comportement excessif (violence physique...) ;
- acte inexcusable d'une particulière gravité.

Courant 2019, le gouvernement français avait annoncé vouloir mettre en œuvre une réforme significative de la décentralisation, par le biais de plusieurs actions. Il s'agissait de renforcer le statut des maires en les confortant dans leurs prérogatives, mais cela passait aussi par la délégation de certains pouvoirs du préfet aux maires. Il était également question de revoir le régime de responsabilité des maires, *via* la prise en charge de l'assurance des maires. Au final, la réforme ambitieuse voulue a accouché d'une très légère transformation, *via* la loi engagement et proximité du 27 décembre 2019 (cf. Question 5).

167. Le maire est-il pénalement responsable de ses actes ?

La responsabilité pénale du maire est, elle, soumise à des dispositions encadrées par le législateur. Le maire est pénalement responsable en cas de comportement fautif dans l'exercice de sa mission dès lors qu'une infraction sanctionnée par le code pénal a été commise. Cela résulte de deux types de faute.

- **La faute intentionnelle** : le maire est responsable pénalement s'il a délibérément et intentionnellement commis une faute. Dans ce cas, il s'agit principalement de trois catégories de faute :
  - **abus d'autorité** : le maire profite de sa situation pour obtenir ou faire obtenir un avantage, empêcher ou nuire,
  - **atteinte à la liberté individuelle** : il peut s'agir d'une discrimination, d'une atteinte à une liberté de penser, de s'exprimer, une liberté fondamentale...,
  - **manquement au devoir de probité** : corruption, trafic d'influence, prise illégale d'intérêts, délit de favoritisme ;
- **La faute non intentionnelle** prend plusieurs formes :
  - **la mise en danger** délibérée de la personne d'autrui,
  - **l'imprudence, la négligence ou le manquement à une obligation de prudence ou de sécurité** prévue par la loi ou le règlement, s'il est établi que le maire n'a pas accompli les diligences normales compte tenu, le cas échéant, de la nature de ses missions ou de ses fonctions, de ses compétences ainsi que du pouvoir et des moyens dont il disposait.

Pour tous ces délits, le code pénal et l'article L. 2123-34 du CGCT prévoient que « *[...] le maire ou un élu municipal le suppléant ou ayant reçu une délégation ne peut être condamné [...] pour des faits non intentionnels commis dans l'exercice de ses fonctions que s'il est établi qu'il n'a pas accompli les diligences normales compte tenu de ses compétences, du pouvoir et des moyens dont il disposait ainsi que des difficultés propres aux missions que la loi lui confie* ».
Dans le cadre de ces situations, la commune est tenue de le protéger en lui accordant une protection fonctionnelle. Un vote doit avoir lieu au sein du conseil municipal sur cette question.

168. Le maire peut-il renvoyer sa responsabilité sur un autre élu ou un agent de la commune ?

La question du renvoi de la responsabilité du maire à un autre élu a donné lieu à la réponse suivante de la part du ministre de la Justice : « *Le maire d'une commune peut, aux termes de la jurisprudence de la Cour de cassation, s'exonérer de sa responsabilité pénale du chef d'homicide et de blessures involontaires en établissant qu'il a valablement délégué ses pouvoirs à une personne pourvue de la compétence, de l'autorité et des moyens nécessaires*

à l'exercice de sa mission, une telle délégation pouvant à son tour être subdéléguée dans les mêmes conditions. »
Le ministre a d'ailleurs précisé que « *dans cette hypothèse, c'est le délégué qui est pénalement responsable à la place du dirigeant ou du maire des infractions commises par les personnes placées sous son autorité. Le domaine de la délégation a été précisé ensuite par les juridictions et concerne en premier lieu les infractions dont l'objet est la protection de la santé et la sécurité des personnes et notamment des travailleurs. Le délégué doit être une personne dotée de la compétence et de l'autorité nécessaires, ce qui implique des aptitudes techniques, une certaine autonomie, des moyens disciplinaires* ».

169. Que se passe-t-il en cas de responsabilité partagée avec le préfet ou le président d'un EPCI ?

Le partage de responsabilité est parfaitement possible en cas de cumul de responsabilité. Il intervient dans le cadre de l'instance juridictionnelle, au niveau de l'enquête ou devant le tribunal.
C'est ainsi que si plusieurs acteurs politiques et juridiques, comme le maire et le préfet, ou le maire et le président d'un EPCI, sont intervenus sur un dossier qui a donné lieu à une infraction pénale, le juge pénal peut parfaitement les poursuivre collectivement et les accuser, chacun d'eux, pour les fautes commises à leur niveau.
Ce cas s'est produit dernièrement dans l'affaire liée à la commune de la Faute-sur-Mer, où autorités étatiques et communales étaient poursuivies collectivement pour avoir laissé se construire des maisons sur des zones inondables ou submersibles, entraînant la mort de 29 personnes.

170. Que se passe-t-il si le maire ne veut plus exercer son mandat ?

Ce sont les dispositions prévues à l'article 2122-15 du CGCT qui s'imposent en cas de démission du maire.
La loi prévoit ainsi que « *la démission du maire ou d'un adjoint est adressée au représentant de l'État dans le département. Elle est définitive à partir de son acceptation par le représentant de l'État dans le département ou, à défaut de cette acceptation, un mois après un nouvel envoi de la démission constatée par lettre recommandée.*
Le maire et les adjoints continuent l'exercice de leurs fonctions jusqu'à l'installation de leurs successeurs [...].
Toutefois, en cas de renouvellement intégral, les fonctions de maire et d'adjoint sont, à partir de l'installation du nouveau conseil jusqu'à l'élection du maire, exercées par les conseillers municipaux dans l'ordre du tableau.
La procédure prévue au présent article s'applique également lorsque le maire ou l'adjoint se démettent simultanément du mandat de conseiller municipal ».
Le maire peut cependant démissionner de sa seule fonction de maire et rester membre du conseil municipal. À ce moment-là, le conseil municipal doit procéder, comme le prévoit l'article L. 2122-8, à la désignation du nouveau maire.

2 Les présidents des EPCI, des départements et des régions

1. Questions

171. Qui sont les présidents des EPCI, des départements et des régions ?

172. Quels sont les pouvoirs des présidents des EPCI, des départements et des régions ?

2. Réponses

171. Qui sont les présidents des EPCI, des départements et des régions ?

Trois typologies se dégagent des présidents des EPCI, départements et régions.

Les EPCI sont essentiellement présidés par des hommes, maires d'une commune centrale au sein de leur communauté.

Les présidents des départements sont pour 91 % d'entre eux des hommes, et 9 % des femmes, alors que 49,5 % des conseillers départementaux sont des femmes. Les présidents des conseils départementaux sont âgés de 28 à 74 ans et leur moyenne d'âge est de 58,2 ans. Par ailleurs, la moitié des présidents des départements occupaient cette fonction, lors de leur précédent mandat.

Les présidents des régions, qui sont au nombre de treize, sont eux représentés par dix hommes et trois femmes.

172. Quels sont les pouvoirs des présidents des EPCI, des départements et des régions ?

Les trois catégories de présidents disposent de pouvoirs propres qui sont assez identiques : ils sont chefs du personnel, assurent la gestion des bâtiments de leur collectivité et la police administrative, sous condition.

Élus par leur assemblée, ils tirent de celle-ci une partie de leur pouvoir et ont la main sur la convocation de l'instance, son ordre du jour et sa bonne tenue. Ils sont les seuls autorisés à convoquer l'instance élue et à fixer son ordre du jour (sauf quand il a prévu de donner une partie de cette prérogative aux élus, *via* le règlement intérieur).

En ce qui concerne ses pouvoirs de supérieur hiérarchique, le président procède au recrutement et au déroulement de carrière de ses agents, qu'il s'agisse de titulaires ou de contractuels.

Le président dispose également de pouvoirs qui lui sont délégués par l'instance délibérative (conseil de l'EPCI, départemental ou régional). Dans ce dernier cas, il doit rendre compte de tout ce qu'il fait à cette instance, sur le fondement de cette délégation de pouvoir.

3 Les élus qui siègent au sein des collectivités territoriales

1. Questions

173. Quelles sont les catégories de personnes qui siègent au sein des collectivités territoriales ?

174. Quel est le profil type de l'élu ?

175. Comment un élu territorial démissionne-t-il ?

2. Réponses

173. Quelles sont les catégories de personnes qui siègent au sein des collectivités territoriales ?

Les élus des collectivités territoriales sont tous issus du collège électoral.
Ils représentent selon le ministère de l'Intérieur, au 1er janvier 2020, 565 833 personnes : 493 029 conseillers municipaux, 4 190 conseillers départementaux, 1 931 conseillers régionaux et 66 846 conseillers communautaires.
La seule condition qui s'impose à eux est d'être domicilié dans le ressort de la collectivité où ils se présentent – d'autres conditions s'ajoutent comme la nationalité (française pour les élections nationales et européennes pour les élections locales) et la capacité juridique, c'est-à-dire être majeur et ne pas être déclaré incapable juridiquement (déchu de ses droits par une condamnation pénale ou placé sous tutelle ou curatelle).
Il n'y a pas d'autres conditions telles que l'âge, les ressources financières, l'origine sociale…

174. Quel est le profil type de l'élu ?

Les études démographiques nous renseignent sur le profil des élus. Au 1er janvier 2020, les maires, par exemple, sont, selon le ministère de l'Intérieur, à 83 % des hommes, quand la France compte 48 % de femmes. 65,2 % des maires ont plus de 60 ans, quand la part des personnes âgées de plus de 60 ans dans la population n'est que de 24 %. Plus de 40 % sont retraités.
Dans une étude parue en 2019, le ministère de l'Intérieur renseigne sur ces typologies sociologiques : « *L'obligation d'alternance stricte hommes/femmes dans la présentation des listes électorales, qui s'appliquait auparavant aux communes de 3 500 habitants et plus,*

a été étendue aux communes de 1 000 habitants et plus par la loi n° 2013-403 du 17 mai 2013 relative à l'élection des conseillers départementaux, des conseillers municipaux et des conseillers communautaires. Cette obligation se traduit par des taux de féminisation de 47,9 % des conseillers régionaux et territoriaux au 1er janvier 2019 et de 46,8 % dans les communes de plus de 1 000 habitants. Le taux de féminisation des conseillers départementaux est quant à lui de 50,4 %, traduisant l'obligation de présenter des binômes (hommes, femmes) sur les listes électorales.

Pour les fonctions de président, ces taux restent en revanche plus faibles, même s'ils progressent également. Ainsi, après les élections régionales de 2010, seuls 7,7 % des présidents de conseils régionaux étaient des femmes ; cette proportion atteint maintenant 23,5 %. Le taux de féminisation des résidents de conseil départemental passe de 6,1 % après les élections de 2011 à 12,4 % en 2019. 8,3 % des présidents de conseils communautaires sont des femmes en 2019. Parmi les maires, 16,9 % sont des femmes. Cette proportion a elle aussi légèrement progressé : elle n'était que de 10,9 % après les élections de 2001 et de 13,9 % après celles de 2008. Le taux de féminisation des maires est le plus important dans les communes de moins de 500 habitants (18,4 %) puis diminue ensuite avec la taille de la commune ; il augmente à nouveau pour les communes de 100 000 habitants ou plus (16,7 %, soit 7 femmes maires sur 42).

Plus on s'éloigne de la fonction de maire, plus les fonctions sont occupées par des femmes : 29,1 % parmi les premiers adjoints, 37,7 % pour les seconds adjoints et 43,2 % parmi les autres adjoints et conseillers. »

175. Comment un élu territorial démissionne-t-il ?

La démission d'un élu est facile. Elle se fait par écrit et est adressée au maire ou au président de la collectivité territoriale. Seule la démission du maire est prévue par le CGCT (cf. Question 170). Il revient à la collectivité, par la suite, de procéder au remplacement de l'élu démissionnaire en prenant le suivant de la liste électorale initiale.

Lorsque l'élu exerçait des fonctions « supplémentaires », comme celle d'adjoint ou de délégué, de membre d'une commission quelconque dans la collectivité, cette dernière doit parfois procéder à son remplacement par le même procédé qu'initialement : un vote est alors nécessaire. On parle alors de parallélisme des formes.

4 Les usagers du service public local

1. Questions

176. Qui sont les usagers des collectivités territoriales ?

177. Les usagers des collectivités territoriales disposent-ils de pouvoirs ?

178. Qu'est-ce que le RGPD et comment protège-t-il les usagers ?

2. Réponses

176. Qui sont les usagers des collectivités territoriales ?

Les usagers des collectivités territoriales sont les personnes physiques et morales qui sont « clients » du service public local. Il s'agit, en premier lieu, des habitants de ces collectivités territoriales qui sont destinataires et aussi demandeurs d'un service que la collectivité territoriale peut leur fournir.

Ces services publics prennent la forme de prestations « civiles » comme tous les actes d'état civil, de prestations sociales, l'utilisation de locaux municipaux, intercommunaux, départementaux ou régionaux (piscine, installations sportives, transports...). Ces usagers peuvent aussi être, en second lieu, des « gens de passage », des étrangers à ces collectivités territoriales.

D'après le sociologue Serge Vallon, il existerait quatre profils d'usagers différents :

- **l'usager récepteur**, c'est-à-dire l'usager consommateur de base du service public ;
- **l'usager demandeur** : c'est l'usager qui sollicite, sans forcément obtenir satisfaction ;
- **l'usager initié** : c'est l'usager fin connaisseur du service public, qui « *en a appris autant que les techniciens, dont il peut reprendre le discours et parfois surpasser l'expertise* » ;
- **l'usager citoyen** : c'est celui qui « *souhaite contribuer à l'orientation comme au fonctionnement des dispositifs. Il accepte de le faire à des places différenciées mais complémentaires car il ne s'identifie pas aux techniciens par exemple, ni uniquement aux bénéficiaires* ».

177. Les usagers des collectivités territoriales disposent-ils de pouvoirs ?

Les droits croissants accordés aux usagers, depuis la décennie 1970, sont significatifs.

En premier lieu, ils sont justiciables, et à ce titre, ils peuvent contester devant le juge administratif tous les actes et toutes les actions des collectivités territoriales.

En second lieu, ils participent aux instances locales obligatoires suivantes :

- commission consultative des usagers des services publics locaux pour les services publics exploités en régie directe dotée de l'autonomie financière ou délégués ;
- conseils de quartier des communes de plus de 80 000 habitants.

Les usagers peuvent également siéger dans des instances facultatives comme les commissions extra-municipales, les conseils municipaux des enfants, les conseils de quartier (dans les communes de 20 000 à 80 000 habitants).

Ils sont aussi en interaction avec les collectivités territoriales, *via* les réseaux sociaux et les outils de communication offerts par Internet. À ce titre, ils sollicitent et parfois alertent les élus de dysfonctionnements ou d'inégalités qu'ils relèvent.

178. Qu'est-ce que le RGPD et comment protège-t-il les usagers ?

Le règlement général sur la protection des données (RGPD), adopté le 27 avril 2016, est applicable en France depuis le 25 mai 2018.

Il impose à tous les acteurs qui collectent des données personnelles (date de naissance, adresse, numéro de téléphone...) de sécuriser ces données et d'informer les personnes visées de leurs droits et de la finalité du traitement de données mis en place. Les collectivités territoriales et leurs établissements publics doivent respecter ce règlement européen, sans quoi, des sanctions diverses, et parfois très lourdes, peuvent leur être infligées.

Les usagers, auprès de qui les collectivités territoriales collectent nombre de données, doivent être protégés de l'utilisation de ces données. Pour ce faire, les collectivités territoriales doivent s'assurer que seules les personnes habilitées auront accès aux données personnelles, et que tous les moyens de protection « informatique » sont mis en œuvre pour assurer cette sécurité (antivirus, stockage, suivi, droit de rectification possible, droit à l'oubli...).

5 Les agents des collectivités territoriales

1. Questions

179. Quelles sont les catégories d'agents publics que l'on trouve au sein des collectivités territoriales ?

180. Quelles sont les filières que l'on trouve au sein des collectivités territoriales ?

181. Qu'est-ce qu'un emploi fonctionnel ?

182. Comment intégrer la fonction publique territoriale ?

183. Quels types de concours administratif sont organisés au profit des collectivités territoriales ?

184. Quelles sont les instances de dialogue social présentes dans les collectivités territoriales ?

185. Quelle est la différence entre la CAP et le CT ?

186. Qui sanctionne les agents publics ?

187. Quelles sont les sanctions applicables aux agents publics des collectivités territoriales ?

188. Est-ce qu'un agent public appartenant à la fonction publique territoriale peut intégrer une autre fonction publique ?

189. Quelle est la différence entre le devoir de réserve, le secret et la discrétion professionnelle ?

190. Quels sont les droits et obligations applicables aux agents publics des collectivités territoriales ?

191. Les droits et obligations des agents publics des collectivités territoriales diffèrent-ils des fonctions publiques étatique et hospitalière ?

192. Qu'est-ce que le harcèlement ?

193. Qu'est-ce que la déontologie et qu'est-ce qu'un déontologue ?

194. Qu'est-ce qu'un lanceur d'alertes ?

2. Réponses

179. Quelles sont les catégories d'agents publics que l'on trouve au sein des collectivités territoriales ?

Deux catégories d'agents publics sont présentes au sein des collectivités territoriales :
- les agents titulaires ;
- les agents contractuels.

La première dépend du statut, la seconde du contrat.

Les agents titulaires, ou statutaires, des collectivités territoriales ont vu leur cadre légal stabilisé dès 1946, avant d'être modifié en profondeur par plusieurs textes :
- la loi du 13 juillet 1983 relative aux droits et obligations des fonctionnaires, qui s'applique à tous les fonctionnaires ;
- la loi du 26 janvier 1984, relative à la fonction publique territoriale.

Ces textes ont ensuite été versés dans le code général de la fonction publique, dont la partie législative est applicable depuis le 1er mars 2022.
Il peut être ajouté que l'agent titulaire tire de sa situation professionnelle un lien très étroit de dépendance et de droits et d'obligations divers et réciproques. Protégé, il œuvre au service public et ce lien le transcende au point que même lorsqu'il n'est pas sur son lieu de travail, il est lié à son poste et à sa fonction, comme le sont les agents contractuels. Sur le plan strictement juridique, le fonctionnaire « *est une personne employée et nommée par une personne publique dans un emploi permanent et titularisée à son poste dans un grade de la hiérarchie administrative* ». C'est ainsi que lorsque l'on parle de titularisation, cela fait suite, quasiment dans tous les cas, à la réussite à un concours. Pour ce faire, une période de stage d'une année s'impose à ces derniers. La nomination quant à elle résulte d'un acte administratif (décret ou arrêté, selon le grade du fonctionnaire). Cette nomination a notamment pour conséquence d'obliger l'administration à fournir à l'agent titulaire un grade et un emploi. Enfin, 71 % des agents publics sont des agents titulaires.

Les agents contractuels, depuis une importante décision rendue par le tribunal des conflits en 1996, « *[...] travaillant pour le compte d'un service public à caractère administratif sont des agents contractuels de droit public, quel que soit leur emploi* ». Ce qui signifie que tous les agents contractuels qui travaillent dans l'administration relèvent des juridictions administratives et de règles de droit public qui sont très proches de celles applicables aux agents titulaires. Par ailleurs, depuis un décret du 29 décembre 2015, la terminologie applicable n'est plus celle d'agent non-titulaire mais d'agent contractuel.
La législation en matière d'agents contractuels a fait l'objet de plusieurs textes, allant d'une loi de 1950 sur la résorption de l'auxiliariat, à la loi n° 83-481 du 11 juin 1983, la loi

n° 2019-828 du 6 août 2019 de transformation de la fonction publique ainsi qu'à plusieurs décrets qui posent chacun la réglementation concernant les trois fonctions publiques. Pour les collectivités territoriales, c'est le décret n° 88-145 du 15 février 1988 relatif aux agents contractuels de la fonction publique territoriale qui s'applique. L'ensemble de ces textes ayant été en grande partie versé dans la partie législative du code général de la fonction publique. Les textes réglementaires le seront courant 2023.

Par ailleurs, la loi relative à l'accès à l'emploi titulaire et à l'amélioration des conditions d'emploi des agents contractuels dans la fonction publique, à la lutte contre les discriminations et portant diverses dispositions relatives à la fonction publique, du 13 mars 2012, dite **loi Sauvadet**, est venue modifier pour partie la réglementation en la matière en permettant notamment la titularisation ou la transformation des contrats à durée déterminée en contrats à durée indéterminée. Reconduite sur plusieurs années, elle a permis de sécuriser nombre de contrats, mais n'a pas pour autant atteint tous ses objectifs. C'est pourquoi, la loi du 6 août 2019 précitée est venue apporter des remèdes durables. À ces lois se sont ajoutées nombre de dispositions qui ont tendance à rapprocher les règles applicables aux agents contractuels de celles concernant les agents titulaires :

- un décret de 2014 précise les conditions de recrutement des agents contractuels de nationalité étrangère, indiquant qu'ils ne peuvent être engagés s'ils ont subi, en France ou dans un État autre que la France, une condamnation incompatible avec l'exercice des fonctions (D. n° 86-83, art. 3) ;
- la réglementation (D. n° 86-83, art. 3, 6°) ajoute qu'ils doivent se trouver dans une position régulière au regard des règles relatives aux documents de séjour prévus par le code de l'entrée et du séjour des étrangers et du droit d'asile ;
- le décret n° 86-83, art. 3-1 prévoit qu'ils ne peuvent être recrutés pour pourvoir des emplois dont les attributions, soit ne sont pas séparables de l'exercice de la souveraineté, soit comportent une participation directe ou indirecte à l'exercice de prérogatives de puissance publique ;
- le décret de 2014 complète les mentions obligatoires liées à la rédaction du contrat (motif précis du recrutement, catégorie hiérarchique dont relève l'emploi). Il impose que l'agent non titulaire soit recruté par contrat alors qu'auparavant il pouvait l'être « *par engagement écrit* », c'est-à-dire au moyen d'un arrêté le plus souvent ;
- le contrat doit dorénavant indiquer les motifs du recrutement en précisant la disposition législative sur le fondement de laquelle il est établi et lorsqu'il est conclu en application des articles 3 ou 4 de la loi du 11 janvier 1984 en spécifiant l'alinéa en vertu duquel il est établi. Il doit viser sa date d'effet, sa durée, le poste occupé ainsi que la catégorie hiérarchique dont l'emploi relève ;
- il renseigne également les conditions de rémunération et les droits et obligations de l'agent lorsqu'ils ne relèvent pas d'un texte de portée générale. Le contrat conclu pour un motif de remplacement momentané d'agent absent, de vacance temporaire d'emploi ou d'accroissement temporaire ou saisonnier d'activités doit comporter une définition précise du motif de recrutement.

Il est à noter que la loi 2019-828 du 6 août 2019 de transformation de la fonction publique est venue changer le paysage de la fonction publique en matière de recrutement d'agents contractuels, puisque le recours à ces agents est élargi :

- le contrat « *s'ouvre aux emplois de direction* » dans les trois fonctions publiques ;
- le contrat de projet est créé (il s'inscrit autour « *d'un objet ou d'un besoin de l'administration déterminé, pour une durée minimale d'un an et maximale de six ans* »).

Cette loi ajoute également deux possibilités en matière de recrutement :

- le recrutement sur des emplois permanents pour toute catégorie (A, B et C), « *lorsque la nature des fonctions ou les besoins des services le justifient, notamment lorsqu'il s'agit de fonctions nécessitant des compétences spécialisées techniques ou nouvelles ou lorsque l'autorité de recrutement n'est pas en mesure de pourvoir l'emploi par un fonctionnaire présentant l'expertise ou l'expérience professionnelle adaptée aux missions à accomplir* » ;
- le recrutement sur des emplois « *qui ne nécessitent pas une formation statutaire donnant lieu à titularisation dans un corps de fonctionnaire* ».

Le recours aux CDI est lui aussi élargi à davantage de situations par le même texte et lui est ajouté une caractéristique non négligeable : sa portabilité au sein des trois fonctions publiques.

Le même texte législatif institue, au regard de la précarité de certains emplois contractuels, une « indemnité de fin de contrat » lorsque le contrat est inférieur ou égal à une année et à une rémunération qui n'a pas encore été fixée (elle serait de 10 % de la rémunération brute globale).

En fonction de la taille des communes, des règles spécifiques s'imposent, qui concernent également les collaborateurs de cabinet ou de groupes d'élus, pour lesquels le recrutement est libre et la titularisation jamais de droit. Le licenciement, par ailleurs, est soumis à des règles moins contraignantes, liées essentiellement à la perte de confiance.

Tous les éléments concrets, liés à la mise en œuvre de cette loi, ont été déclinés au sein d'une quarantaine de décrets d'application.

180. Quelles sont les filières que l'on trouve au sein des collectivités territoriales ?

Les filières présentes dans les collectivités territoriales résultent de différents textes qui, dans un premier temps, ont été établis spécifiquement pour les agents communaux, en 1952. Par la suite, c'est la loi du 13 juillet 1983 qui a permis la naissance des fonctionnaires territoriaux.

Il existe actuellement huit filières, réparties comme suit.

Filières	Cat. A	Cat. B	Cat. C
Administrative	Administrateur (A+) Attaché Secrétaire de mairie	Rédacteur	Adjoint administratif
Technique	Ingénieur en chef Ingénieur	Technicien	Agent de maîtrise Adjoint technique Adjoint technique des établissements d'enseignement
Culturelle	Patrimoine et bibliothèques Conservateur du patrimoine (A+) Conservateur de bibliothèques (A+) Attaché de conservation du patrimoine Bibliothécaire	Assistant de conservation du patrimoine et des bibliothèques	Adjoint du patrimoine
	Enseignement artistique Directeur d'enseignement d'établissement artistique Professeur d'enseignement artistique	Assistant d'enseignement artistique	
Médico-social	Infirmier en soins généraux Médecin Sage-femme Psychologue Puéricultrice cadre de santé Puéricultrice territoriale Cadre territorial de santé, infirmier, Rééducateur et assistant médico-technique Biologiste, vétérinaire et pharmacien Conseiller socio-éducatif	Infirmier Technicien paramédical Moniteur-éducateur et intervenant familial Éducateur de jeunes enfants Assistant socio-éducatif	Auxiliaire de puériculture Auxiliaire de soins Agent spécialisé des écoles maternelles (ASEM) Agent social

Filières	Cat. A	Cat. B	Cat. C
Sportive	Conseiller des activités physiques et sportives	Éducateur des activités physiques et sportives	Opérateur des activités physiques et sportives
Animation		Animateur	Adjoint d'animation
Sapeurs-pompiers	Capitaine Commandant Colonel Lieutenant-colonel	Lieutenant Infirmier	Sapeur-pompier non officier Sapeur-pompier sous-officier
Police municipale	Directeur de police municipale	Chef de service de police municipale	Agent de police municipale Garde champêtre

181. Qu'est-ce qu'un emploi fonctionnel ?

Les emplois fonctionnels sont des emplois qui sont assujettis à des règles particulières puisque les agents concernés ont un lien très étroit avec l'autorité « politique ». Ils sont choisis « personnellement » et peuvent être « licenciés » aussi facilement qu'ils sont recrutés (essentiellement pour une « perte de confiance ». Ils ne peuvent perdre véritablement leur emploi qu'après un délai de six mois après leur nomination).

Ils disposent d'un statut particulier, *via* un détachement et peuvent occuper des postes de directeur et directeur général adjoint des communes, de directeur des services techniques (communes de 20 000 à 40 000 habitants) et de directeur général des services techniques des communes de plus de 40 000 habitants, ainsi que de directeur général des services techniques des EPCI à fiscalité propre, regroupant des communes dont la population totale est supérieure à 80 000 habitants.

S'ils sont fonctionnaires, à l'issue de leur contrat, ils réintègrent leurs corps d'origine.

182. Comment intégrer la fonction publique territoriale ?

L'entrée dans la fonction publique est prévue par les articles L. 321-1 et suivants du code général de la fonction publique. Celle-ci ne peut se faire que sous les conditions suivantes :

- **la nationalité** : l'agent public doit être ressortissant français (pour tous les postes régaliens) ou européen (ils peuvent avoir accès à la fonction publique à condition que les emplois soient séparables de l'exercice de la souveraineté ou ne comportent aucune participation à l'exercice des prérogatives de puissance publique de l'État ou des autres collectivités publiques) ;
- **la jouissance des droits civiques** : nul ne peut avoir la qualité de fonctionnaire, s'il ne jouit pas de ses droits civiques (c'est-à-dire du droit de vote, d'être juré, du droit d'exercer des fonctions publiques et d'être témoin ou expert devant une juridiction). La perte des droits civiques entraîne la perte de la qualité de fonctionnaire (sans que la procédure disciplinaire ait à être suivie) sauf pour les mises sous tutelle. Quant aux ressortissants

de l'Union européenne, ils doivent jouir de leurs droits civiques dans l'État dont ils sont ressortissants ;

- **le casier judiciaire** : les mentions portées au bulletin n° 2 du casier judiciaire ne doivent pas être incompatibles avec les fonctions auxquelles l'agent postule. Le casier ne doit pas forcément être vierge. Exemple, le Conseil d'État a jugé en 1993 qu'une candidate au concours de lieutenant de police pouvait candidater malgré une condamnation pour excès de vitesse. De même, en 1998, le juge suprême a estimé qu'une condamnation à la suspension du permis de conduire est compatible avec la magistrature. Par contre, il en va autrement de la conduite sous état d'ivresse et la fonction de commissaire de police (Conseil d'État, 1987), qui sont incompatibles ;
- **la situation militaire** : les candidats doivent se trouver dans une position régulière au regard du service national (sont dans une situation régulière, les ajournés et les dispensés). Depuis la loi du 28 octobre 1997, il faut être en règle avec la Journée défense et citoyenneté (JDC) ;
- **l'aptitude physique** : les candidats doivent être aptes physiquement et remplir les conditions d'aptitude indiquées dans les statuts particuliers, lorsque ces derniers s'appliquent.

S'agissant des techniques d'intégration dans la fonction publique, le principe est l'admission par concours. C'est la technique qui permet de garantir l'égalité aux emplois publics car la plus apte à sélectionner les candidats les plus capables en fonction de leur seul mérite.

Il s'agit d'une garantie fondamentale pour les fonctionnaires, posée par les statuts des trois fonctions publiques qui disposent que les fonctionnaires sont recrutés par voie de concours. Seul le législateur peut y déroger en prévoyant d'autres techniques de recrutement comme le contrat ou le tour extérieur (intégration liée au profil du candidat).

Les règles liées aux concours sont très nombreuses. Elles visent à assurer l'application du principe d'égalité des candidats. C'est ainsi qu'une succession d'épreuves portant sur les aptitudes professionnelles des candidats est tout à fait légale. À la suite de quoi, un jury « souverain » établit une liste par ordre de mérite des candidats susceptibles d'accéder à la fonction.

En matière de contrat, bien que la liberté contractuelle soit de mise, certaines règles s'imposent, liées tout d'abord à la base légale sur laquelle s'appuie le recrutement. Ensuite, il revient à l'employeur de traiter de manière égalitaire et sans discrimination les candidats.

183. Quels types de concours administratif sont organisés au profit des collectivités territoriales ?

Les concours administratifs organisés en vue de l'intégration dans la fonction publique sont nombreux. Ils sont essentiellement organisés par les centres de gestion auxquels sont adhérentes les collectivités territoriales. Les concours organisés sont en lien avec les typologies de catégories d'emplois présents par filières – attachés, techniciens... (cf. Question 180). Ils consistent en des épreuves écrites ou l'examen d'un dossier de candidature, et des épreuves orales, variables, devant un jury.

184. Quelles sont les instances de dialogue social présentes dans les collectivités territoriales ?

Les instances de dialogue social au sein des collectivités territoriales sont prévues aux articles 112-1 et 731-2 et suivants du code général de la fonction publique.

À l'origine, les textes prévoient les instances suivantes :

- **les commissions administratives paritaires (CAP)** : l'administration, employeur, doit la consulter avant de prendre certaines décisions individuelles relatives à la carrière des fonctionnaires (détachement, mobilité, avancement…). Parfois, cette CAP se réunit en commission disciplinaire et rend un avis sur les poursuites proposées à l'autorité hiérarchique. Il existe une CAP par corps de fonctionnaire et par collectivité territoriale (bien que les centres de gestion les gèrent pour les collectivités territoriales de petite taille ou celles qui le décident). Elles sont renouvelées tous les quatre ans. Leurs séances ne sont pas publiques ;
- **les commissions consultatives paritaires (CCP)** : l'administration employeur doit la consulter avant de prendre certaines décisions individuelles relatives à la situation des agents contractuels ;
- **les comités techniques (CT)** : c'est une instance de concertation présente dans chaque administration, qui rend des avis sur des questions et projets relatifs à l'organisation et au fonctionnement des services (effectifs, méthodes de travail, politique indemnitaire, égalité professionnelle…). Leur mandat est identique à celui des membres des CAP, mais les représentants des administrations ne prennent plus part au vote. Le comité technique se réunit au moins deux fois par an et rend des avis qui ne lient pas l'administration ;
- **le comité d'hygiène, de sécurité et des conditions de travail (CHSCT)** : c'est une instance de concertation « *chargée de contribuer à la protection de la santé physique et mentale et de la sécurité des agents dans leur travail. Il a pour mission de participer à l'amélioration des conditions de travail et de veiller à la mise en œuvre des prescriptions du code du travail* » en matière de santé et sécurité au travail. Il peut se déplacer pour visiter les lieux de travail et procéder à des enquêtes, de sa propre initiative ou sur demande. On en trouve à tous les échelons de l'administration. Il comprend des représentants désignés par les organisations syndicales les plus représentatives, proportionnellement au nombre de voix obtenues aux élections aux comités techniques. Il se réunit au moins trois fois par an.

À partir du renouvellement des instances, en décembre 2022, des modifications structurelles et fonctionnelles vont affecter les instances représentatives du personnel.

Les CAP ont vu ainsi leurs missions recentrées sur les décisions individuelles défavorables aux agents, comme les refus de titularisation ou concernant la discipline (cette démarche est déjà en œuvre depuis le 1er janvier 2020 : les CAP perdent à cette date la compétence en matière de mutation et de mobilité. Depuis le 1er janvier 2021, elles n'interviennent plus sur l'avancement et la promotion des agents). Tout ceci est d'ailleurs établi à partir des lignes directrices de gestion (LDG) établies pluri annuellement (maximum de cinq années pour la fonction publique d'État et hospitalière, et six années pour la territoriale), qui « *constitueront la doctrine de gestion en matière de promotions. Elles fixeront les orientations générales et les grandes priorités en matière de promotion et de valorisation des parcours et préciseront les critères d'appréciation comparée des mérites, expériences et acquis professionnels pris en compte pour l'inscription sur une liste d'aptitude ou sur un tableau d'avancement* », selon le législateur.

Sur le plan organisationnel, les élus siègent à présent par catégories hiérarchiques (A, B et C) et non plus par filières. Ce qui n'empêchera pas de créer plusieurs CAP. Enfin, selon le gouvernement, « *Le principe selon lequel un fonctionnaire ne peut pas siéger dans une formation qui lui permet d'apprécier la manière de servir d'un agent d'un grade supérieur est supprimé dans les trois fonctions publiques en 2022.* »

S'agissant des CT et CHSCT, comme dans le secteur privé, ils vont fusionner fin 2022, et ce, selon la loi, afin « *de remédier à la difficulté d'articulation actuelle des compétences entre les CT et les CHSCT, en particulier en matière de réorganisation de services* ». Leur nom sera en fonction de la fonction publique :

- comités sociaux d'administration dans la fonction publique d'État ;
- comités sociaux territoriaux dans la fonction publique territoriale ;
- comités sociaux d'établissement dans la fonction publique hospitalière.

Lorsque le nombre d'agents est supérieur à 200, il pourra être créé, selon des textes réglementaires qui viendront préciser cela (des décrets), une formation spécialisée en matière de santé, de sécurité et de conditions de travail (FSSCT). Les compétences de ce nouveau comité seront les suivantes :

- le fonctionnement et l'organisation des services ;
- l'accessibilité des services et la qualité des services rendus ;
- l'égalité professionnelle ;
- la protection de la santé, l'hygiène et la sécurité des agents ;
- les orientations stratégiques sur les politiques de ressources humaines ;
- les lignes directrices de gestion (LDG) en matière de mutation, de mobilité, de promotion interne et d'avancement de grade des agents (qui permettront de déterminer la gestion prévisionnelle des emplois et des compétences [GPEC]).

185. Quelle est la différence entre la CAP et le CT ?

Les questions traitées par les deux instances que sont les CAP et les CT sont différentes et ne se chevauchent pas. Alors que la CAP (commission administrative paritaire) traite exclusivement de questions individuelles, en lien avec des agents nommément désignés, les CT (comités techniques) ne s'intéressent pas aux agents désignés, mais aux conditions de travail dans la collectivité territoriale. C'est ainsi que les noms des agents dans les documents discutés en CT sont supprimés et anonymisés.

186. Qui sanctionne les agents publics ?

Les agents publics, qu'ils soient titulaires ou contractuels, dépendent exclusivement de l'autorité hiérarchique. À ce titre, seul le titulaire de cette autorité dispose du pouvoir de les sanctionner. En l'occurrence, il s'agit du maire, du président du département, de la région ou de l'EPCI. Les procédures diffèrent, cependant, entre ces deux catégories.

Les agents contractuels sont soumis à une procédure administrative, sous le contrôle du juge administratif, mais dont l'issue, c'est-à-dire la sanction la plus élevée, est la rupture du contrat. On parle alors de licenciement.
La réglementation prévoit une série de règles concernant le licenciement des agents recrutés pour une durée indéterminée et le licenciement avant le terme pour les agents recrutés pour une durée déterminée. Les motifs du licenciement sont nombreux et concernent les fautes commises par les agents. Quand il s'agit d'inaptitude physique, en revanche, avant le licenciement, l'employeur doit chercher à reclasser l'agent.
Après entretien et saisine de la commission consultative paritaire concernée, l'administration « *[...] notifie à l'agent sa décision par lettre recommandée avec demande d'avis de réception ou par lettre remise en main propre contre décharge* ». Cette lettre doit contenir le ou les motifs du licenciement et la date d'effet de celui-ci compte tenu des droits à congés annuels restant à courir et la durée du préavis. L'agent licencié doit également avoir accès à son dossier personnel. Enfin, un préavis doit précéder le licenciement.
Le juge administratif, lorsqu'il est saisi, va vérifier que la sanction est proportionnée à la faute, sans quoi il l'annule. Dès lors, la réintégration ou l'annulation de la sanction s'impose. Dans le cas contraire, si l'administration ne réintègre pas l'agent, elle sera condamnée à lui verser « *une somme calculée en tenant compte de l'ensemble des rémunérations dont il a été privé depuis la date de notification en excluant les indemnités liées à l'exercice effectif du service* » (CE, 13 juin 2003). Cependant, parce qu'il s'agit d'un contrat, la réintégration n'est pas de droit puisque l'administration dispose d'une liberté de contracter.

Les agents titulaires sont quant à eux soumis aux dispositions prévues par le code général de la fonction publique qui s'appliquent en matière de faute disciplinaire. C'est ainsi que toute faute d'un agent public entraîne sa responsabilité (qu'il commette cette faute dans le cadre de son activité professionnelle ou en dehors de celle-ci).
Seule l'insuffisance professionnelle n'est pas considérée comme une faute professionnelle, dès lors, la procédure disciplinaire ne s'applique pas en tant que telle. En revanche, une procédure similaire s'applique.

Une instruction peut également avoir lieu, et une enquête administrative mise en place, avant la sanction et la saisine du conseil de discipline. Par ailleurs, « *aucune sanction disciplinaire autre que l'avertissement ou le blâme ne peut être prononcée sans consultation préalable d'un organisme siégeant en conseil de discipline dans lequel le personnel est représenté* » – il s'agit le plus souvent de la commission administrative paritaire (CAP) de l'agent en collectivité territoriale. Elle est alors présidée par un magistrat administratif. Cette instance ne peut être saisie que par l'autorité hiérarchique de l'agent, sur un rapport complet, qui doit également être porté à la connaissance de l'agent, afin qu'il puisse se défendre (c'est le principe du contradictoire). Cette instance rend un avis qui n'oblige pas l'autorité hiérarchique.

Le conseil de discipline est composé de membres de la CAP représentant le grade du fonctionnaire poursuivi, et ceux du grade immédiatement supérieur, ainsi qu'un nombre égal de représentants de l'administration. Ne doivent toutefois pas y siéger les fonctionnaires d'un grade inférieur à celui du fonctionnaire poursuivi, ainsi que tout fonctionnaire « *ayant manifesté une animosité particulière envers le fonctionnaire poursuivi* ». Le quorum est alors fixé à trois quarts de ses membres.
Les principes qui s'appliquent en matière de sanction sont les suivants :

- la sanction ne peut être rétroactive ;
- plusieurs sanctions ne peuvent être prononcées à raison des mêmes faits ;
- la sanction doit être motivée ;
- la sanction doit être proportionnée à la faute commise ;
- l'agent public peut exercer un recours administratif ou contentieux contre la sanction : ce recours ne suspend pas pour autant la sanction applicable.

187. Quelles sont les sanctions applicables aux agents publics des collectivités territoriales ?

Les sanctions sont classées en quatre groupes :

- **premier groupe** : avertissement et blâme (le blâme est inscrit au dossier du fonctionnaire et effacé automatiquement au bout de trois ans, si aucune sanction n'est intervenue pendant cette période) ;
- **deuxième groupe** : radiation du tableau d'avancement, abaissement d'échelon, exclusion temporaire de fonctions (durée maximale 15 jours), déplacement d'office ;
- **troisième groupe** : rétrogradation et exclusion temporaire (3 mois à 2 ans) ;
- **quatrième groupe** : mise à la retraite d'office et révocation.

Sachant que pour la dernière catégorie, en ce qui concerne les agents contractuels, il s'agira de licenciement, c'est-à-dire de rupture du contrat.

188. Est-ce qu'un agent public appartenant à la fonction publique territoriale peut intégrer une autre fonction publique ?

Le détachement et l'intégration dans une autre fonction publique sont parfaitement possibles pour les agents publics, titulaires, des collectivités territoriales. De même, les agents en CDI peuvent être intégrés dans une autre administration en continuant à bénéficier de leur CDI. Ce sont les articles L. 511-4 et suivants du code général de la fonction publique qui le permettent. Il s'agit alors de mobilités, qui s'effectuent sur la demande écrite des agents, afin de se placer dans une des différentes positions : détachement, mise à disposition, intégration directe, position normale d'activité pour les fonctionnaires de l'État, mise en disponibilité ou placement en position hors cadre. La CAP doit alors être saisie et se prononcer.

S'agissant des agents contractuels, les dispositions autorisant l'intégration dans une autre fonction publique ne sont pas applicables. Cela devrait peut-être changer à terme pour permettre une meilleure sécurité juridique.

189. Quelle est la différence entre le devoir de réserve, le secret et la discrétion professionnelle ?

Les questions liées aux obligations des agents publics sont régies par le code général de fa fonction publique.

Parmi ces obligations, il existe une distinction entre la réserve, le secret et la discrétion professionnelle :

- **obligation de réserve et de discrétion** : les agents publics doivent faire preuve de discrétion professionnelle pour tous les faits, informations ou documents dont ils ont connaissance dans l'exercice de leurs fonctions, qu'ils soient sur leur lieu de travail ou à l'extérieur de celui-ci. Il s'agit ici de la discrétion. Pour la réserve, les agents publics doivent se garder de critiquer leur administration, hiérarchie et fonctionnement compris ;
- **obligation de secret professionnel** : les agents publics sont tenus au secret professionnel dans le cadre des règles instituées par le code pénal, en tant que dépositaires de renseignements concernant ou intéressant des particuliers à moins que les nécessités du service ou des obligations légales ne leur imposent la communication des informations dont ils ont eu connaissance dans l'exercice de leurs fonctions. Ce sont surtout les agents liés à un ordre professionnel qui sont concernés (médecins, huissiers, notaires...) ;

Ce sont donc les fonctions exercées qui déterminent si le secret professionnel s'ajoute à l'obligation de réserve et de discrétion. Ceci s'applique à tous les agents publics.

190. Quels sont les droits et obligations applicables aux agents publics des collectivités territoriales ?

L'ensemble de ces droits diffère parfois pour certaines professions (médecins, infirmiers, assistants de service social...). Ils ont été très utilement complétés par la loi déontologie d'avril 2016, qui a apporté des précisions et développements sur plusieurs points, mais aussi fait une place significative au **lanceur d'alertes**, en essayant, de manière incomplète pour l'instant, de lui accorder une protection particulière. Les droits et obligations résultant de ce texte de 2016 sont identifiés ci-après.

Les obligations qui s'appliquent à tous les agents publics sont les suivants :

- **obligation de neutralité** : les fonctionnaires doivent s'interdire toute manifestation de leurs opinions (religieuses, politiques, philosophiques, commerciales...) dans le cadre de leurs fonctions ;
- **obligation de réserve et de discrétion** : les fonctionnaires doivent faire preuve de discrétion professionnelle pour tous les faits, informations ou documents dont ils ont connaissance dans l'exercice de leurs fonctions, qu'ils soient sur leur lieu de travail ou à l'extérieur de celui-ci ;
- **obligation de secret professionnel** : les fonctionnaires sont tenus au secret professionnel dans le cadre des règles instituées par le code pénal, en tant que dépositaires de renseignements concernant ou intéressant des particuliers à moins que les nécessités du service ou des obligations légales ne leur imposent la communication des informations dont ils ont eu connaissance dans l'exercice de leurs fonctions. Ce sont surtout les agents liés à un ordre professionnel qui sont concernés (médecins, huissiers, notaires...) ;
- **obligation d'effectuer les tâches confiées et d'assurer son service** : tout fonctionnaire est responsable de l'exécution des tâches qui lui sont données par son supérieur hiérarchique ;
- **obligation d'obéissance hiérarchique** : le fonctionnaire doit se conformer aux instructions de son supérieur hiérarchique, sauf dans le cas où l'ordre donné est manifestement illégal ou de nature à compromettre gravement un intérêt public ;
- **obligation d'information au public** : toute personne a le droit de connaître les informations contenues dans un document administratif dont les conclusions lui sont imposées. C'est là une obligation des agents publics ;
- **obligation de signalement** : tout fonctionnaire qui, dans l'exercice de ses fonctions, acquiert la connaissance d'un crime ou d'un délit doit en aviser sans délai son supérieur hiérarchique. C'est l'article 40 du code de procédure pénale qui l'impose. Cependant, à moins d'un danger immédiat, il n'y a pas de sanction pénale applicable à l'agent qui ne dénonce pas une infraction pénale dont il a connaissance, mais une sanction disciplinaire demeure possible (l'article 40 du code de procédure pénale énonce : « *Toute autorité constituée, tout officier public ou fonctionnaire qui, dans l'exercice de ses fonctions, acquière la connaissance d'un crime ou d'un délit, est tenu d'en donner avis sans délai au Procureur de la République et de transmettre à ce magistrat tous les renseignements, procès-verbaux et actes qui y sont relatifs* »).

Rappelons enfin que tout agent public, lorsqu'il met en ligne des documents sur Internet, notamment sur des réseaux sociaux, doit avoir conscience de s'exposer à un large public. Il doit mesurer les conséquences de ses agissements quant au respect de ses obligations déontologiques.

Obligations liées à la loi sur la déontologie d'avril 2016 :

- **la dignité** : pour le gouvernement, dans le cadre du devoir de moralité, « *un fonctionnaire ne doit pas choquer par son attitude (alcoolisme, scandale public), ni porter atteinte à la dignité de la fonction publique* ». Dès 1941 (premier statut de la fonction publique en France, sous Pétain), « *le fonctionnaire doit, dans le service comme dans sa vie privée, éviter tout ce qui serait de nature à compromettre la dignité de la fonction publique* » ;
- **l'impartialité** : cette notion, qui concerne en grande partie les concours administratifs, a été précisée lors des débats parlementaires relatifs à la loi d'avril 2016 comme suit : « *À l'instar des obligations de dignité et de probité, le respect de l'obligation d'impartialité participe directement au renom de l'administration dans la mesure où elle assoit l'exemplarité de la conduite de l'action publique par les agents. Cette obligation fondamentale, qui se rattache à d'autres principes tels que l'égalité, la neutralité ou l'indépendance, est inhérente aux missions d'intérêt général. Ainsi, un agent public ne peut avoir un préjugé sur une affaire en raison par exemple d'un intérêt personnel à l'affaire ou d'une prise de position publique affirmée* » ;
- **l'intégrité** : ce principe est proche de celui de probité car il nécessite également que l'agent public exerce ses fonctions de manière désintéressée. Le législateur a pu préciser, devant le Sénat lors du vote de la loi que « *l'intégrité [...] des agents publics est une préoccupation constante du pouvoir et la condition même de son maintien et de sa légitimité* » ;
- **la probité** : il s'agit de la qualité de ce qui est probe, droit, honnête, incorruptible, intègre et exigeant envers soi-même.

Les droits qui s'appliquent à tous les agents publics sont les suivants :

- **liberté d'opinion** politique, syndicale, philosophique ou religieuse ;
- **droit syndical** : il est garanti aux fonctionnaires. Les intéressés peuvent librement créer des organisations syndicales, y adhérer et y exercer des mandats ;
- **droit de grève** : il est inscrit dans le préambule de la Constitution de 1946 et reconnu aux fonctionnaires qui l'exercent dans le cadre des lois qui le réglementent ;
- **droit à la protection** : les fonctionnaires ont droit à une protection et le cas échéant à une réparation lorsqu'ils ont fait l'objet, à l'occasion ou du fait de leurs fonctions, de menaces, d'outrages, de voies de fait, d'injures ou de diffamations ;
- **droit à la formation continue** ;
- **droit de participer aux décisions les concernant** : les personnels élisent leurs représentants à différentes commissions (CAP/CT/CHSCT) ;
- **droit à la sécurité de l'emploi** ;
- **droit à l'hygiène et à la sécurité** : ce droit, tiré du code du travail, instaure l'obligation pour l'employeur d'assurer à ses agents un cadre de travail sécurisé ;
- **droit d'accès au dossier** : tout fonctionnaire a accès à son dossier individuel dans les conditions définies par la loi ;

- **droit d'accès à l'appréciation** : les appréciations générales attribuées aux fonctionnaires exprimant leur valeur professionnelle leur sont communiquées ;
- **droit à congés** : congés de maladie, congés pour formation syndicale, congés pour accident de travail, congés facultatifs, mi-temps, congés pour formation ;
- **droit à rémunération** : les fonctionnaires ont droit, après service fait, à une rémunération ;
- **cessation de fonction** : admission à la retraite, démission, licenciement ou révocation ;
- **droit au régime disciplinaire** : toute faute commise par un fonctionnaire dans l'exercice de ses fonctions l'expose à une sanction disciplinaire. Les sanctions interviennent en cas de faute, qu'il s'agisse d'un manquement à ses obligations professionnelles, d'une infraction de droit commun, d'un délit ayant entraîné une condamnation avec inscription au casier judiciaire.

191. Les droits et obligations des agents publics des collectivités territoriales diffèrent-ils des fonctions publiques étatique et hospitalière ?

De manière générale, les droits et obligations des agents publics sont identiques aux trois fonctions publiques. En revanche, c'est plutôt à l'intérieur de ces fonctions publiques, et plus précisément au sein de filières et métiers, que les droits et obligations diffèrent.
Un médecin ou un chef de cabinet est soumis à une confidentialité ou une discrétion professionnelle de niveau très élevé. Ceci étant en lien avec le secret professionnel pour le médecin.

192. Qu'est-ce que le harcèlement ?

Le harcèlement se divise en deux catégories : moral et sexuel.
Le harcèlement moral est une forme de violence exercée au sein du travail et défini par l'article L. 133-2 du code général de la fonction publique. La loi indique qu'aucun « *[…] fonctionnaire ne doit subir les agissements répétés de harcèlement moral qui ont pour objet ou pour effet une dégradation des conditions de travail susceptible de porter atteinte à ses droits et à sa dignité, d'altérer sa santé physique ou mentale ou de compromettre son avenir professionnel […]* ».
Trois éléments permettent d'identifier le harcèlement :

- des agissements répétés ;
- une dégradation des conditions de travail ;
- une atteinte aux droits, à la dignité, à la santé physique ou mentale ou à l'avenir professionnel de l'agent.

L'agent harcelé doit être protégé par son administration. La victime doit solliciter de sa hiérarchie la protection fonctionnelle, et cette dernière doit procéder à toute mesure pour protéger l'agent de son harceleur (le déplacer lui ou suspendre le harceleur, poursuivre le harceleur…).
Le harcèlement sexuel est plus facile à déterminer. Sa définition s'appuie sur plusieurs textes qui se rejoignent : « *Le harcèlement sexuel est le fait d'imposer à une personne, de*

façon répétée, des propos ou comportements à connotation sexuelle ou sexiste qui soit portent atteinte à sa dignité en raison de leur caractère dégradant ou humiliant, soit créent à son encontre une situation intimidante, hostile ou offensante. »
Ce sont les dispositions prévues par l'article 222-33 du code pénal, l'article L. 1153-1 du code du travail, les articles L. 135-1 et suivants du code général de la fonction publique et l'article L. 4123-10-1 du code de la défense, qui donnent cette définition.

193. Qu'est-ce que la déontologie et qu'est-ce qu'un déontologue ?

Le terme déontologie, qui date du milieu du XIXe siècle, est issu, selon Jeremy Bentham de « *deux mots grecs,* deontos *(ce qui est convenable) et* logos *(connaissance) ; c'est-à-dire, la connaissance de ce qui est juste ou convenable* ». Il précise d'ailleurs qu'« *une action est bonne ou mauvaise, digne ou indigne, [...] elle mérite l'approbation ou le blâme, en proportion de sa tendance à accroître ou à diminuer la somme du bonheur* ». La déontologie est donc une « *science du devoir* » professionnel. À présent, ce terme est lié au domaine professionnel et désigne « *l'ensemble des devoirs liés à l'exercice d'une profession* », et diffère de la morale et de l'éthique (en rapport avec la société ou la sphère personnelle).
Les agents publics sont donc, dans le cadre de leur activité professionnelle, soumis à la déontologie. Sur ce point, les autorités administratives indépendantes sont directement concernées, comme le législateur ou le gouvernement, qui en ont régulièrement précisé les contours.
Plus récemment, la loi du 20 avril 2016 relative à la déontologie et aux droits et obligations des fonctionnaires est venue considérablement préciser cette notion. Elle concerne les matières suivantes :

- **le cumul d'activité** : ce texte renforce les règles de cumul d'activités et précise les dérogations possibles. De manière générale, les agents publics ont l'obligation de consacrer l'intégralité de leur activité professionnelle aux tâches qui leur sont confiées et interdiction d'exercer à titre professionnel une activité privée lucrative de quelque nature que ce soit. En la matière, il est interdit de créer ou de reprendre une entreprise, pour les agents à temps plein, sauf dispositions spécifiques. Par ailleurs, un agent nouvellement recruté peut continuer à exercer son activité privée pendant une durée d'un an renouvelable une fois. Sur ce point, il peut être utile de rappeler que « *tout agent qui exerce une activité lucrative (autorisation de sa hiérarchie) peut être amené à reverser les sommes perçues, par voie de retenue sur traitement au titre de l'activité non autorisée et faire l'objet de sanctions disciplinaires* ». Cependant, avec l'accord écrit de son administration, un agent public peut cumuler une autre activité professionnelle (cette dernière doit être ponctuelle et de faible ampleur) ;
- **l'élargissement des modalités de mise à disposition** : tous les organismes « *contribuant à la mise en œuvre d'une politique publique et également auprès d'une institution ou d'un organe de l'Union européenne peuvent voir des agents publics mis à leur disposition* » ;
- **le dispositif de titularisation mis en place par la loi Sauvadet** : il a été prolongé jusqu'au 31 décembre 2020 pour certaines situations ;

- **la transparence pour éviter les conflits d'intérêts** : chaque agent public doit désormais remplir une déclaration exhaustive de ses intérêts avant d'être nommé à un poste à responsabilité (essentiellement pour les postes d'administrateur). Par ailleurs, chaque haut fonctionnaire a deux mois pour envoyer une déclaration de son patrimoine. Ces dispositions permettent de prévenir les soupçons de partialité.

Cette loi et le décret du 10 avril 2017 relatif au référent déontologue dans la fonction publique créent le déontologue : « *Tout fonctionnaire a le droit de consulter un référent déontologue, chargé de lui apporter tout conseil utile au respect des obligations et des principes déontologiques.* » Ce référent est « *tenu au secret et à la discrétion professionnelle* », selon les dispositions posées par la loi. Ce texte précise d'ailleurs que « *lorsque des faits susceptibles d'être qualifiés de conflit d'intérêts lui ont été signalés [...], le référent déontologue apporte, le cas échéant, aux personnes intéressées tous conseils de nature à faire cesser ce conflit* ».

194. Qu'est-ce qu'un lanceur d'alertes ?

Le lanceur d'alertes a été reconnu par la loi du 20 avril 2016 relative à la déontologie et aux droits et obligations des fonctionnaires. Le lanceur d'alertes est l'agent qui veut mettre fin à une action illégale ou irrégulière en interpellant les pouvoirs en place ou en suscitant une prise de conscience.

En contradiction avec le devoir de réserve et en interaction avec l'article 40 du code de procédure pénale, le lanceur d'alertes bénéficie à présent d'une protection particulière. Elle s'étend d'ailleurs aussi aux militaires. C'est ainsi qu'aucune sanction ne peut être prise contre un agent public qui témoigne lorsqu'il s'agit « *de faits constitutifs d'un délit, d'un crime ou d'un possible conflit d'intérêts* ».

Une circulaire du 19 juillet 2018 précise le cadre d'action et de protection de ces « lanceurs d'alertes ».

Sur le plan concret, la dénonciation opérée par des lanceurs d'alertes est plus compliquée. Les conséquences sur la vie professionnelle des agents qui dénoncent sont importantes. Une collectivité territoriale peut parfaitement poursuivre un agent public sur le plan disciplinaire pour avoir failli à son obligation de réserve professionnelle (cf. Question 190). Le juge lui-même n'est pas toujours clément à l'égard de l'agent qui se positionne en qualité de lanceur d'alertes. C'est ainsi que le juge administratif a rejeté le recours d'un agent contre une révocation, suite à la dénonciation, par la voie de la presse, de faits commis par l'équipe municipale.

PARTIE VI

Les éléments statistiques et l'avenir des collectivités territoriales

6 questions

1 Statistiques et modèle économique des collectivités territoriales

1. Questions

195. Quelles sont les statistiques essentielles à connaître concernant les collectivités territoriales ?

196. Combien y a-t-il d'élus au sein de toutes les collectivités territoriales ?

197. Combien d'agents publics sont employés par les collectivités territoriales ?

198. Quel est le budget agrégé des collectivités territoriales ?

2. Réponses

195. Quelles sont les statistiques essentielles à connaître concernant les collectivités territoriales ?

Les chiffres à connaître concernant le nombre de collectivités territoriales sont les suivants :

- 34 955 communes (dont 34 826 en France métropolitaine et 129 dans les DOM) ;
- 101 départements (96 en métropole et 5 en outre-mer) ;
- 13 régions ;
- 5 collectivités territoriales d'outre-mer ;
- 3 départements d'outre-mer ;
- 2 collectivités uniques ;
- 2 catégories de territoire à statut particulier ;
- 1 254 EPCI à fiscalité directe :
- 21 métropoles ;
- 14 communautés urbaines ;
- 227 communautés d'agglomération ;
- 992 communautés de communes.

Ces données ont été arrêtées au 1er janvier 2022 par le ministère de l'Intérieur.

196. Combien y a-t-il d'élus au sein de toutes les collectivités territoriales ?

Les collectivités territoriales comptent 565 833 élus (janvier 2020), répartis comme suit.

Conseillers régionaux	1 931
Assemblée territoriale de Corse	51
Assemblée de la Nouvelle-Calédonie, de Polynésie et de Wallis-et-Futuna	131
Conseillers départementaux	4 190
Maires	34 965
Conseillers municipaux	493 029

197. Combien d'agents publics sont employés par les collectivités territoriales ?

La fonction publique territoriale emploie, selon le gouvernement, au 31 décembre 2019, 1,968 million d'agents, soit 34,7 % de l'emploi public : les trois quarts dans les régions, départements et communes, et un quart dans les établissements locaux.
Le pourcentage d'augmentation annuel entre 2018 et 2019 est le plus important des trois fonctions publiques : + 0,5 %.
La répartition des agents publics par grade est la suivante : 9 % en A (dont 0,6 % en A+), 14 % en B et 76 % en C, le 1 % d'écart étant réparti entre les trois catégories.
La fonction publique territoriale compte 61 % de femmes.

198. Quel est le budget agrégé des collectivités territoriales ?

Selon l'Observatoire des finances et de la gestion publique locales dans son rapport de 2019, les comptes des collectivités territoriales et groupements à fiscalité propre s'élèvent à 172,3 milliards d'euros pour les dépenses de fonctionnement, et 204 milliards d'euros pour les recettes de fonctionnement.
En investissement, les dépenses s'élèvent à 51 milliards d'euros et 21,5 milliards en recettes d'investissement, soit un budget de 220 milliards d'euros (source : rapport de l'Observatoire des finances et de la gestion publique locales [2019] ; FIPECO).

2 L'avenir des collectivités territoriales

1. Questions

199. Quelles sont les réformes en cours concernant les collectivités territoriales ?

200. Que préconise l'OCDE à l'égard des communes ?

2. Réponses

199. Quelles sont les réformes en cours concernant les collectivités territoriales ?

Dès le début de l'année 2019, le gouvernement avait précisé qu'il souhaitait intervenir sur la décentralisation et la déconcentration, *via* une importante réforme, programmée sur deux années. Cette réforme a donné lieu à la loi n° 2019-1461 du 27 décembre 2019 relative à l'engagement dans la vie locale et à la proximité de l'action publique.

Ce texte, cependant, devrait être complété par une réforme d'envergure (qui correspondrait à l'acte IV de la décentralisation – cf. Question 5). Elle concernerait le statut du maire et la répartition des compétences entre les préfets et les différentes collectivités territoriales. Cela s'est concrétisé par l'adoption de la loi 3DS (cf. Question 20), qui a changé, sur plusieurs plans, les règles de répartition des compétences et a instauré un cadre expérimental. Pour autant, cette loi n'a pas été la révolution « attendue », faute de majorité forte au Parlement pour le parti présidentiel. À l'heure du début du second mandat du président Macron, aucune réforme n'est annoncée concernant les collectivités territoriales. Tout au plus, le président, lors de la conférence de presse qu'il a donné alors qu'il n'était que candidat, a annoncé vouloir mener une réforme organique des collectivités territoriales. Pour cela, c'est-à-dire pour mener à bien ce projet, il aura besoin d'une majorité des deux-tiers au sein du Parlement. En l'état, la composition du Parlement en juin 2022 ne permet pas au Président Macron de disposer de cette majorité, sauf à dissoudre l'Assemblée nationale et procéder à de nouvelles élections. Cependant, il lui faudra remporter un très grand nombre de sièges pour disposer de 555 parlementaires au total (Assemblée nationale et Sénat) afin de mener les réformes constitutionnelles souhaitées et annoncées. En conclusion, le second mandat du Président Macron n'augure pas de réforme constitutionnelle concernant les collectivités territoriales.

200. Que préconise l'OCDE à l'égard des communes ?

Créée en 1961 et siégeant en France, l'Organisation de coopération et de développement économiques (OCDE) a pour mission de promouvoir les politiques qui amélioreront le bien-être économique et social partout dans le monde. À cet égard, l'OCDE produit de nombreux rapports chaque année, dans lesquels elle soumet des observations et des réflexions aux citoyens et aux gouvernements.

Dans une étude de 2007, qui reste toujours d'actualité, les observations de l'OCDE à l'égard du système français étaient les suivantes :

- **le lien entre les citoyens et leurs élus** contribue à déresponsabiliser les collectivités. Les fonctions qui relèvent essentiellement des collectivités territoriales devraient être financées par la fiscalité locale et les exonérations accordées par l'État en matière de fiscalité locale devraient être progressivement éliminées ;
- **le système des collectivités territoriales** est complexe, avec trois niveaux principaux, sans hiérarchie entre eux. Chaque collectivité territoriale détient de larges pouvoirs sur le territoire qu'elle administre, ce qui se traduit par de nombreux chevauchements de compétences. À ce système s'ajoutent de multiples formes de coopération entre les communes, dont la plus récente, « l'intercommunalité », a pour objectif d'améliorer l'efficacité, sans souvent y parvenir. Cette complexité est même à l'origine d'un certain nombre d'inefficiences qu'il faudrait corriger pour que la décentralisation produise pleinement ses résultats bénéfiques. Dans une stricte perspective d'efficience, il serait utile de réduire le très grand nombre de communes (36 500 à l'époque – à présent moins de 35 000). À défaut, les chevauchements de compétence devraient être limités en orientant le système vers une spécialisation accrue des différents niveaux de collectivités territoriales, donc en restreignant le principe de compétence générale et en désignant des « chefs de file » qui assumeraient la responsabilité dans chaque domaine. Il existe déjà des chefs de file dans quelques domaines ;
- **à plus long terme, l'État pourrait réfléchir à la mise en place d'une dotation unique consolidée entre les communes et l'intercommunalité** afin que ces structures allouent les moyens en fonction des compétences réellement exercées. Mais cette solution pourrait affaiblir le contrôle des décisions par les citoyens car les responsables de l'intercommunalité ne sont pas pour l'instant directement élus par les citoyens de l'intercommunalité et se heurteraient à la difficulté de décider des réallocations des ressources vers les communes.

Notes

Notes

Notes

34/38, rue Camille-Pelletan - 92309 Levallois-Perret cedex
Imprimerie Sepec Numérique - 01960 Péronnas
Imprimé en France - 3e trimestre 2022

Service éditorial : Thomas Beddok, Benjamin Dias Pereira,
Deborah Lopez, Eva Nouzille, Myriam Pasek
Conception graphique : Catherine Aubin

Dépôt légal à parution
ISBN 978-2-7590-4975-2

PEFC 10-31-3532 / Certifié PEFC / Ce produit est issu de forêts gérées durablement et de sources contrôlées. / pefc-france.org